文化の観点から見た文法の日英対照

ひつじ研究叢書〈言語編〉

【第82巻】意志表現を中心とした日本語モダリティの通時的研究
土岐留美江 著
【第83巻】英語研究の次世代に向けて －秋元実治教授定年退職記念論文集
吉波弘・中澤和夫・武内信一・外池滋生・川端朋広・野村忠央・山本史歩子 編
【第84巻】接尾辞「げ」と助動詞「そうだ」の通時的研究　漆谷広樹 著
【第85巻】複合辞からみた日本語文法の研究　田中寛 著
【第86巻】現代日本語における外来語の量的推移に関する研究　橋本和佳 著
【第87巻】中古語過去・完了表現の研究　井島正博 著
【第88巻】法コンテキストの言語理論　堀田秀吾 著
【第89巻】日本語形態の諸問題
－鈴木泰教授東京大学退職記念論文集　須田淳一・新居田純野 編
【第90巻】語形成から見た日本語文法史　青木博史 著
【第91巻】コーパス分析に基づく認知言語学的構文研究　李在鎬 著
【第92巻】バントゥ諸語分岐史の研究　湯川恭敏 著
【第93巻】現代日本語における進行中の変化の研究
－「誤用」「気づかない変化」を中心に　新野直哉 著
【第95巻】形態論と統語論の相互作用
－日本語と朝鮮語の対照言語学的研究　塚本秀樹 著
【第97巻】日本語音韻史の研究　高山倫明 著
【第98巻】文化の観点から見た文法の日英対照
－時制・相・構文・格助詞を中心に　宗宮喜代子 著
【第99巻】日本語と韓国語の「ほめ」に関する対照研究　金庚芬 著
【第100巻】日本語の「主題」　堀川智也 著

ひつじ研究叢書〈言語編〉第98巻

文化の観点から見た文法の日英対照

時制・相・構文・格助詞を中心に

宗宮喜代子 著

ひつじ書房

はじめに　自然の理(ことわり)と文化

　地球環境への意識が高まる昨今、生物多様性の重要性が叫ばれている。しかし、生物多様性が文化や言語の多様性と軌を一にすることを知る人はどれほどいるだろうか。この地球では、人と環境との交わりが文化を生み、言語を生み、また逆に、言語が文化と環境を支えている。フィールドワークの研究者からは、多様な生物が生息する地域は、土着の民族が独自の生活様式を維持している地域であり、多様な言語が話される地域でもあるという報告がなされている[1]。生物、文化、言語は分かち難く結びついているのである（Nettle and Romaine:13, 32）。

　生物多様性と同じように言語の多様性に関心をもつ研究者たちの多くは、言語を文化という大きな文脈の中に置いて理解しようとする。この態度は「言語は文化を反映する」という耳慣れた文言に集約できる。これによれば、言語は文化の一部であり、文化圏の人々の気質や世界観[2]を反映する。つまり言語と文化は相関する。

　このような考えは、古くはヴィルヘルム・フォン・フンボルト（Wilhelm von Humboldt 1767–1835）の言語哲学に見られ、代表的な伝統文法家オットー・イェスペルセン（Otto Jespersen 1860–1943）（特に Jespersen 1938）、ネイティヴアメリカンの言語を研究し言語相対論で知られるエドワード・サピア（Edward Sapir 1884–1939）とベンジャミン・リー・ウォーフ（Benjamin Lee Whorf 1897–1941）、さらには現代の認知言語学者アンナ・ヴィアズビッカ（Anna Wierzbicka 1938–）、日本語研究では大野晋（1919–2008）、森田良行（1930–）、言語文化論の芳賀綏（1928–）らにも見られる。しかし、言語と

文化という異質のことがらを結びつけて語るのは易しいが、その関係を形式化するのは至難の業である。おそらくはその困難さも影響して、伝統的に言語だけを見つめ言語内的な体系性を論じる立場が主流を占める言語学プロパーにおいて、言語を広い文脈の中で理解しようとする立場[3]は常に少数派であった。本書はその少数派に属する研究である。

サピアとウォーフの言語相対論はよく知られており、言語学の入門書では定番のように紹介され、学術論文の冒頭を飾ることも多い。しかし、英語と日本語を対照するにあたって文化に言及する時には、もっぱら語彙が引き合いに出されて、英語では牛肉の部位が精緻に分節され名づけられている、日本語では米を表す語彙が豊富だ、ということが指摘される。あるいはprivacyが日本語に訳しにくい、「もったいない」は英語に対応表現が存在しない、という話になることが多い。

実際には、文法もまた深いところで文化を反映している。話者は、主語は何か、目的語は、時制は、相はどうするか等々について文法に則して判断し文を作る。たとえば誰かに腕をつかまれて痛い時、英語の話者ならYou are hurting meと言うところを日本語話者は「痛い」と言う。驚いた時、英語ではI don't believe thisとよく言うが、日本語では「まさか」の1語で済ませても構わない。明らかに、英語と日本語では注目することがらが違い、状況の見え方が違う。それは文化の違いであり、文法の違いである。

文法には、その言語が話される文化圏の世界観、すなわち「ものの見方」が組み込まれており、母語話者たちを「見えない糸」で繋いでいる。本書はこのような想定のもとに、英語と日本語のいくつかの基本的な文法項目について、その存在理由を文化に求めながら記述するものである。

本書では作業仮説その1として、個別文化の顕著な特徴はその文化圏の言語の文法に濃密に刻まれていると考える。たとえば一般的に認められているように英語圏の文化は直線思考を特徴としているが、それに対応して英文法の基本的な部分が、因果関係など直線性を伴う経験を表現すべく構築されている。また、日本文化で「ウチ」と「ソト」を区別することはよく知られているが、その文化的な特徴と並行して日本語文法は、話者のいる「ウチ」の

空間と時間を濃密に分節し、それによって話者あるいは主語の共感を伝える仕組みを備えている。因果関係とウチ・ソト関係は各々、英語と日本語の代表的な「ものの見方」であり、文法を支配する原則である。

　作業仮説その2として、文法に組み込まれたものの見方は、個々の文化が創り出したというよりは、現実世界を成り立たせている普遍的な原則、自然の理(ことわり)のレパートリーの中から、それぞれの文化が選び出し独自の形で文法に組み込んだものであると考える。そこに文化の動機があり、言語の本質がある。

　自然の理とは、時間が一方向に流れること、原因が結果に先立つこと、人や物など個体が外側と内側をもつこと、個体が同一性を保つこと(＝昨日アリスだった少女が今日は別人といったことは起きないこと)、個体や物質が自らの空間を占有すること(＝1つの空間を2つの物が占めることはないこと)、大は小を包摂すること、エネルギーは大から小へ流れること等々、ごく当たり前のことである。これらは本来の意味での「論理」(logic)であり、どんな文化圏の人間もこういった自然の理の中で生きていることに変わりはない。

　しかし、現実世界を頭の中に取り込んで「言語世界」を構築する時には、文化の違いが如実に表れる。何を表したい文化であり言語であるのかによって、注目する原則が違う。異なる言語において、同じ原則が異なった形を取って現れることもあるだろう。そんな中で、文法の中心部で目立った働きをするのが、英文法における因果関係と、日本語文法におけるウチ・ソト関係である。

　このような想定のもとに、本書の第1章では時制と相に関して英語と日本語を対照し、英語が現実の時間の流れに即した体系を示すのに対して、日本語は話者のいる現在を中心とする非対称的な時制・相体系をもつことを論じる。第2章では主語と目的語を議論の出発点として、英語については「SVO±1」の構文の体系を提案し、日本語については格助詞が共感の体系をなすことを論じる。第3章ではその他の文法項目として、英語のいくつかの空間

前置詞が移動という直線的経験を分業的に表すことを論じる。この章ではまた、非空間の of と for についても解説する。第4章では日本語のひらがな、漢字、カタカナという文字種がウチ・ソト関係にもとづいて使い分けられることを論じる。文字種に関連して擬音語(オノマトペ)、擬態語、音象徴にも言及する。

　ここまでの第1章から第4章が本書の主眼であり、最後の第5章は応用編である。第5章で小説とその翻訳を比較すると、描かれる世界が違って見える。文法が違い、ものの見方が違うからである。そのことを読者諸氏に実感してもらえれば幸いである。

　構想から8年、本書の執筆にあたっては多くの方々のお世話になりました。特に、私にとって日本語研究の出発点となった「英語と日本語の「主語・目的語」構文について」(2004)の頼もしい共著者である下地理則さんに深くお礼申し上げます。また、東京外国語大学の先輩や同僚の皆さまの温かい励ましに感謝します。日常的に交流しサポートしてくださった石井康毅さん、大谷直輝さんをはじめ、宗宮ゼミの歴代の OB・OG の方々には、一緒に考えたことが見え隠れしながら本書を支えていることが分かるでしょう。皆さまのおかげで本書があります。

　最後になりましたが、ひつじ書房の松本功さんと海老澤絵莉さんには編集の観点から数々の貴重なご助言をいただきました。改めてお礼申し上げます。

宗宮喜代子

注

1　アフリカ中央部、東南アジア、ニューギニア、太平洋諸島、メキシコ、ブラジル、中央アメリカ、オーストラリアなどがこれに該当する。
2　"... there resides in every language a characteristic world-view." (Wilhelm von Humboldt

1836:60）
3 ヤコブソン (Jakobson 1970) では、文化との相関性と同じ主旨で言語と社会の相関性に注目した研究者として、E. Sapir、B. L. Whorf の他に C. Lévi-Strauss、N. S. Trubetzkoy、É. Benveniste、É. Durkheim、K. Bühler が挙げられている。

目　次

はじめに　自然の理(ことわり)と文化　　　　　　　　　　　v

第1章　時制と相の日英対照　　　　　　　　　　　1

1.1　英語の時制と相が時間の流れを表す　　　　　　3
　1.1.1　時制の条件―確定性、主観、情報構造　　　4
　1.1.2　2時制3相を支える「外と内」の原則　　　14
　1.1.3　進行相が示す「ものの見方」　　　　　　22
　1.1.4　時制の一致が示す遠近法　　　　　　　　29
1.2　日本語の時制と相が話者の視点を表す　　　　　34
　1.2.1　日本語に独特の相対時制　　　　　　　　41
　1.2.2　弱い過去時制　　　　　　　　　　　　　42
　1.2.3　過去の「した」と完了の「した」　　　　48

第2章　主語と目的語の日英対照　　　　　　　　57

2.1　英語の「SVO ± 1」が因果関係を表す　　　　　58
　2.1.1　個体中心のSVO構文　　　　　　　　　　59
　2.1.2　因果を分業する2種類のSV構文　　　　　78
　2.1.3　「SVO + 1」の構文　　　　　　　　　　86
2.2　日本語の格助詞が「ウチ・ソト」の共感関係を表す　94
　2.2.1　複合的な「ウチなる自分」　　　　　　　98
　2.2.2　「が格」目的語が示唆すること　　　　　113
　2.2.3　被害の受身・責任の使役　　　　　　　　120

第 3 章　英語の前置詞　129

3.1　英語の空間前置詞が移動の因果関係を表す　129
　　3.1.1　道を歩くあの感じ　132
　　3.1.2　歩く人の回り　151
　　3.1.3　非空間の大物前置詞　155

第 4 章　日本語の文字種　167

4.1　文字種が「ウチ・ソト」の共感関係を表す　167
　　4.1.1　ひらがな・漢字 vs. カタカナ　167
　　4.1.2　擬音語・擬態語・音象徴　181

第 5 章　小説が伝える「ものの見方」　193

5.1　小説を翻訳する時に世界が変わる　193
　　5.1.1　直線とパッチワーク　194
　　5.1.2　話者の位置―オフステージとオンステージ　202
　　5.1.3　個体中心と「みんなの中の自分」　206

参考文献　217
索　引　227

第 1 章　時制と相の日英対照

　この章では時制と相に関して英語と日本語を比較する。はじめに本書が提案する時制・相体系を提示し、続いて 1.1 で英語について、1.2 で日本語について記述する。

表 1-1　本書が提案する英語の時制と形式的相（(s)he の場合）

	現在時制	過去時制
単純相	V-s	V-ed
完了相	has V-ed	had V-ed
進行相	is V-ing	was V-ing
（完了進行相）	(has been V-ing)	(had been V-ing)

表 1-2　本書が提案する日本語の時制と形式的相

	現在時制	過去時制
単純相	する	した
継続相	している	していた
完了相	した	×

　時制と相はどちらも言語に属する文法範疇であり、現実を表すための工夫である。次の表 1-3 は、言語が「表すもの」であり、現実が「表されるもの」であることを示している。また、本章では法に言及することがあるため、表 1-3 で法にも言及する。

表 1-3　文法範疇(＝表すもの)と現実(＝表されるもの)

表すもの	表されるもの
時制(tense)	時間(time)：2つの時間(発話時と事態時)の前後関係
相(aspect)	相性(aspectuality)：事態の時間的あり方
法(mood)	法性(modality)：事態の蓋然性についての話者の心的態度

表 1-3 は、英語と日本語のどちらにも当てはまる。日本語学の伝統では法性を広く「話者の心的態度」と捉え、「た体」と「です・ます体」の違いなども法の範疇に属すと考える向きがあるが、本書はその点には立ち入らない。

表 1-3 によれば、時制は直示的(deictic)であり、相は直示的ではない。これを踏まえて時制と相を改めて定義するとこうなる。

　　時制とは、事態の時間的位置を直示的に表す文法範疇である
　　相とは、事態の時間的あり方を表す文法範疇である

この定義は、言語類型論者であるコムリー(Comrie 1976; 1985)の次の見解を援用している。

　　A system which relates entities to a reference point is termed a deictic system, and we can therefore say that tense is deictic.　　[Comrie 1985:14]
　　(存在を基準点[1]に関連づける体系は直示的体系と呼ばれる。従って時制は直示的であると言える。)

　　Aspects are different ways of viewing the internal temporal constituency of a situation.　　[Comrie 1976:3]
　　(相とは、ある事態の内的な時間的構成の、さまざまな見方である。)

　　... aspect is non-deictic, since description of the internal temporal constituency of a situation is quite independent of its relation to any other time point.
　　　　　　　　　　　　　　　　　　　　　　　　[Comrie 1985:14]

（相は直示的ではない。ある事態の内的な時間的構成を描写することは、その事態［の時点］と他の時点との関係とは全く別のことがらであるからだ。）

　まとめると、時制と相はどちらも時間に言及するが、このうち時制は、話者の発話の瞬間と文が叙述する事態の時間との前後関係を表す。発話の瞬間という現実を参照することから、時制は直示的である。
　直示とは、言語表現の指示対象が、概念体系によってではなく発話の物理的文脈によって決まることを言う。物理的文脈とは、発話の瞬間はいつか、発話の場所はどこか、発話者は誰か、発話の相手は誰かなどであり、時制はこのうち発話の瞬間にもとづいて決まる。
　一方、相は直示的ではない。相は発話の時間とは無関係の、事態の時間のみに言及し、その時間の中に当該の事態が存在することや、その事態の様相について述べる範疇である。直示性の有無は時制と相の根本的な違いであり、本書の支柱となる論点である。

1.1　英語の時制と相が時間の流れを表す

　この節では英語の時制・相体系について述べる。時制については早い時期に、伝統文法の代表と目されるイェスペルセンが「どのゲルマン語も現在と過去の2時制より多くの時制をもつことはない」と述べている（Jespersen 1938:26）。これと呼応するかのように、近年の英語学研究では、時制については現在時制と過去時制の2時制を認める立場が多数派を占めている（Palmer 1965; Leech 1971; Quirk et al. 1985; Berk 1999; Greenbaum and Nelson 2002; Huddleston & Pullum 2002; Hewings 2005）。一方、言語類型論や通言語的な視点をもつ研究では、他言語に見られる3時制の考えを英語にも適用し、現在時制と過去時制に加えて、will によって標示される未来時制が想定されている（Comrie 1985; Dixon 1991; Saeed 1997; Griffiths 2006）。英語学プロパーの分野においても、デクラーク（Declerck 2006）は8時制[2]を提

唱している。しかしどの研究も、現在時制と過去時制が基本的であると考える点では一致している。一方、相については研究者たちの意見が分かれ、長年にわたって迷走状態が続いている。

そこで以下では、まず時制について今日までに発見された知見を紹介し、次に相についていくつかの代表的な先行研究を批判的に概観する。その後1.1.2 以降で、本書の提案する体系を解説し、体系を支える原則、自然の理、を探ることにする。

1.1.1　時制の条件──確定性、主観、情報構造

英語には現在時制と過去時制がある。現在時制は話者のいる時間を指し、過去時制は話者のいない過去の時間を指す。現在時制が指示する時間は、現在の瞬間、幅のある現在、未来である。このうち幅のある現在は、現在完了形で表される過去のできごとを取りこんだ現在をも含む。ここには臨場感を出すための文学作品などにおける歴史的現在や、スポーツ実況の現在をも含むが、こちらは文法の要請ではなく語用論的な動機にもとづくものである。また、何らかの時制を表さないことには文が成り立たないという文法上の規定があることから、「太陽は東から昇る」や「5 + 7 = 12」など無時間のことがらも現在時制で表す。このように、現実と言語は 1 対 1 で対応していない。

過去時制は瞬間的あるいは幅のある過去の時間を表す。また語用論的な用法として、依頼を行う時に婉曲な距離感を出すために過去時制 (I was wondering if ... / I just wanted to ask you ... など) を用いることがある。慣用的に過去時制 (It's time you went to bed など) を用いる場合もあり、こちらは法の領域とも関連しているように思える。

表 1-4 は、過去時制を理解することが時制を理解する糸口であることを示唆している。どういう場合に過去時制を用いるのか、文法上の「過去の時間」とは何か。それが明らかになれば、現在時制はそれ以外を表す時制として理解できる。特に、過去時制が表す過去の時間と、現在時制が表す「過去を含む現在の時間」とを差異化することが肝要である。

表 1-4 文法の時制と現実の時間

文法	現実	例文
現在時制	無時間	The sun rises in the east/ Two plus two is four.
	現在の瞬間	I pronounce you husband and wife/ I promise.
	（過去を含む）幅のある現在の時間	I live here/ I have lived [I have been living] in this town since childhood/ I have visited Paris once.
	未来の時間	I will [I am going to] leave soon/ I am leaving.
過去時制	過去の時間	I once visited Rome/ I used to keep a dog/ I was cooking when he called/ You promised.

過去時制と確定性

過去時制は確定性の概念と結びついている。リーチ (Leech 1971) は、現在完了においては過去の確定的な時間が明示されることがないことに注目し、確定・不確定に関する「単純過去」と完了相のこの違いは定冠詞 the と不定冠詞 a の用法の違いに平行すると指摘した (Leech:42)。指示対象が話者と聴者の双方に知られている、つまり確定されている時に the を使用するように、過去のできごとの時間が確定されている場合には過去時制を用いるというのである。

この指摘を受ける形でデクラークは、「the ＋名詞句」など確定名詞句が生起する文においては過去時制が用いられる傾向があることを検証している (Declerck 2006:320-322)。次はその例である。

(1) a. He says that he <u>has witnessed a</u> terrible accident.　　　[Declerck:321]
　　　（彼はひどい事故を目撃したそうだ）
　 b. He says that he <u>witnessed the</u> accident that everybody is talking about.
　　　　　　　　　　　　　　　　　　　　　　　　　　　　[Declerck:321]
　　　（彼は今話題騒然となっている事故を目撃したそうだ）

ただし時間の確定性についてはすでにイェスペルセンに、"Did you finish?" asks about some <u>definite</u> portion of past time (Jespersen 1931:61) という記述が

ある。

　デクラークは、過去時制の用法と確定名詞句の用法には類似性があると結論する。確かに、確定名詞句と違って過去時制の方は条件が緩く、We don't know when this pyramid was built など、確定でなくても「特定」の時間が指示されていれば、つまり該当する時間が過去に存在することさえ分かっていれば許容される。once upon a time、one winter morning、a long time ago など特定の時間を指示する副詞句も過去時制を誘発する。しかし、これら特定の時間のほとんどが実際には確定した時間に対応している。加えて Did the man water the plants? や Did John lock the door? など、確定した時間を要求する場合が多いことは否めない事実である(Declerck:202)。

主観に依存する時

　特定であれ確定であれ、last week、a week ago、then、the other day、yesterday、at the time、in 1989、on Tuesday、earlier this summer などは過去時制を要求するが、このような語彙による制約がない時には、時制の選択は話者の主観に大いに依存する。「過去のあの時」が確定していても、話者がその時点に注意を向けていなければ、つまり過去の時間に言及することが重要でないと話者が判断すれば、現在時制を使うことができる。

（2）a.　Now where have I put my glasses?　　　　　　　［Leech:43］
　　　　（メガネをどこに置いたかな）
　　b.　Now where did I put my glasses?　　　　　　　　［Leech:43］
　　　　（メガネをどこに置いたかな）

（3）a.　The police have arrested the criminal.　　　　　［Dixon 2005:220］
　　　　（警察が犯人を逮捕した）
　　b.　The police arrested the criminal.　　　　　　　　［Dixon 2005:220］
　　　　（警察が犯人を逮捕した）

(4) a. <u>Have</u> you <u>eaten</u> breakfast? （朝ごはん食べた？）
　　b. <u>Did</u> you <u>eat</u> breakfast? （朝ごはん食べた？）

(2a) では、話者は今の状態に注意を向けており、Where are they now? が第1の関心事である一方 (2b) では眼鏡を失くした瞬間に意識を向けている (Leech:43)。(3a) の話者は、犯人が現在も身柄を拘束されているという点に注意を向けている。(3b) では、犯人が逮捕された時点に注意を向けて過去時制を選んだ。この限りでは、時制の選択は話者の主観にもとづいて行われる。しかし、もし逮捕後に犯人が脱走したという新たな展開があった場合には、The police <u>arrested</u> the criminal but he later escaped from them と過去時制にしなければならない。(4a) は、まだこれから朝食を食べる可能性があることを含意している。おそらく午前中の発話だろう。(4b) ではこれから朝食を食べる可能性は想定されていない。すでに午後になっているか、たとえまだ午前中であってももう食べている時間はない、と話者が思っていることが伝わる。話者の心の中で現在と過去の線引きがなされている。

情報構造に誘導される時
　デクラークは、話者による時制の選択に関して情報構造の観点から有意義な一般化ができることを指摘している。

(5)　Some idiot <u>has put</u> diesel in the tank instead of petrol. Which of you <u>did</u> that?　　　　　　　　　　　　　　　　　　　[Declerck:319]
　　（ガソリンでなくディーゼル油を入れた阿呆がいる。お前らのうちの誰だ？）

(5) では、ディーゼル油を給油したという同一の過去の行為が、1回の発話の中で現在完了形と過去形で使い分けて表現されている。このうち has put では、話者はできごとの結果としての今に注目しており、第2文の did では過去の給油の時点に注目している。情報構造の観点からは、第1文がトピッ

クを導入し、第2文がそのトピックについての詳細を補っていると言える。このように「トピックについてコメントする」、「既知のものを提示し新たな情報を加える」という認識のしかたは日本語でも観察されるものであり、おそらくは、人間が外界を理解する上での基本的で普遍的なメカニズムであると考えられる。

　デクラーク自身は現在完了形を「現在完了時制」と呼び、pre-present（現在以前）を表す一種の過去時制とみなしているが、本書ではこれを現在時制完了相とみなす。話者と聴者は必然的に現在の時間を共有することから、トピック導入には現在時制が望ましい。そうして両者が共通の基盤に立った後で、コメントを過去時制で表すのである。コメントの過去時制は、当該の事態が実際に過去の時間に起きたことである上に、初出の過去時制ではなく第1文に続く2度目の言及であるため適正である。この点でも、先のリーチ（Leech 1971）の言う通り、過去時制の用法は定冠詞 the の用法に通じるものがある。

　(5)における has put がデクラークの言うような一種の過去時制でなく現在時制であることは、デクラーク自身が用いた次の文から類推できる。なお、これ以降、文頭の * は非文または非文法的な表現を示すものとする。

（6）　How did you get/*have you got the scar on your cheek?　　［Declerck:320］
　　　（頬の傷どうしたの？）

(6)では、傷あとがあるという現在の状態がトピック導入の役割を果たしているため、いきなりの過去時制が許容されている。

　以上、先行研究の知見から、過去時制が制約のある文法範疇であることが分かった。過去時制を使用する条件が整わない文脈では、過去の事態を現在完了形で表すことも見た。

　この「現在完了形」は長きにわたって英語学界の「悩みの種」であり、見解が分かれている。本書では、(5)の has put などは現在時制完了相、(5)の did、(6)の did (you) get などは過去時制単純相であると考える。「単純相」

という相については、非公式に単純形(simple form)と呼ばれたり、単純現在時制(simple present tense)、単純過去時制(simple past tense)と呼ばれたりすることはあっても、相という文法範疇としては認められていないのが実情である。そこで、以下では相に焦点を絞って代表的な先行研究を概観する。

相についての先行研究

　イェスペルセンに代表される伝統文法では、「時制」は過去分詞(-ed形)と現在分詞(-ing形)の表す文法概念を含んでいた。ライアンズ(Lyons 1977)によれば、このように相を時制と呼ぶ習慣は偶然の産物である。ギリシア時代に、時間における前後の関係が発見され、これをアリストテレスが「時制」と呼んだ。その後、ストア学派によって完了や未完了(imperfective)という性質が発見されたが、こちらは「完了時制」「未完了時制」と呼ばれるようになった。このような歴史的偶然が災いして、相は伝統文法において時制ほどには注目されなかった。しかし実際には、世界中に時制をもたない言語は多数存在しても、相をもたない言語はほとんどないのである(Lyons 1977:704–5)。

　ディクソン(Dixon 1997)によれば、聖書のヘブライ語は時制をもたず、完了相と未完了相の対立のみを標示していた(Dixon:118–9)。さらに、ブッシュマン言語のクン語(!Xū)は、時制も相ももたず、now、long ago、yesterday、finally、then、will に相当する副詞をもつことをスナイマン(Snyman 1970)が報告している(Snyman: 146, Dixon:119)。

　ギリシア時代に発見されていたにもかかわらず、aspect(相)という語が英語学で用いられるには長い時間がかかり、OED (Oxford English Dictionary)での初出は1853年のことであった(Binnick 1991:135–6)。しかし現代では、aspect という用語が定着し、特に進行相の存在は一般的に受け入れられている。進行相は活動の持続を表す、という理解も共有されている。しかし完了相の方は研究者たちを悩ませてきた。完了は相か時制かで見解が分かれている。また、無相つまり相が明示されない場合に、これを1つの相とみなして単純相という名称を与えるか、あるいは非進行相、非完了相と呼ぶかで立場

が分かれる。

　パーマー（Palmer 1965）は take のパラダイムを例に挙げて、takes、took、is、was、has、had は時制を標示し、has や had に続く taken、been は局面（phase）を、taking、being は相を標示するとしている（Palmer:32）。しかし「局面とは何か」を十分に議論せず、局面が文法範疇であるのか現実であるのかも曖昧にしたまま、局面を時制の章で記述し、相を別の章で記述した。つまりパーマーは「完了形」を時制に近い文法範疇とみなし、進行相のみを相とみなしていた。

　パーマーは、「完了形」は過去の活動の「現在との関連性（current relevance）」を表すと考えていた。現在との関連性という概念によって説明することで、I've been reading for an hour など過去の活動が現在まで続いている場合や、I've cut my finger など過去の活動の結果が現在にある場合、さらには I've hit it twice, but it's still standing up など結果が得られなかった場合までも包括的に説明することができる（Palmer:47-8）。本書では、パーマーが現在との関連性を重視した点を高く評価する。

　リーチ（Leech 1971）は2時制2相の体系を提案した。2相とは進行相と完了相である。それでいながらリーチは依然として、過去時制と完了相はどちらも過去の時間を表す方法であり、完了相は現在と関係のある過去の時間（past-time-related-to-present-time）を表すと考えていた（Leech:35）。それでいながら一方では、先の例文（2a）で見たように、現在完了においては話者の視点が現在にあることを認めている。

　現在完了が過去の事態を表しながら現在をも表すのは研究者たちが共有する理解であり問題意識でもある。リーチにおいては完了相が設定され、さらには時間の確定性や話者の主観という概念が時制研究に導入された点で画期的であった。それでも依然として時制と相の本質的な相違を把握しておらず、単純相の考えも欠如していたため、次の表1-5のような、不必要に複雑な体系を提案する結果になった。

　表1-5で、大文字の Progressive Aspect（進行相）、Perfect Aspect（完了相）、Present Tense（現在時制）、Past Tense（過去時制）、小文字で括弧入りの non-

表 1-5　リーチ（Leech 1971）による時制と相の体系

	（non-progressive）	Progressive Aspect
（non-perfect）	Simple Present Tense *he sees*	（ordinary） Present Progressive Tense *he is seeing*
	Simple Past Tense *he saw*	（ordinary） Past Progressive Tense *he was seeing*
Perfect Aspect	（ordinary） Present Perfect Tense *he has seen*	Present Perfect Progressive Tense *he has been seeing*
	（ordinary） Past Perfect Tense *he had seen*	Past Perfect Progressive Tense *he had been seeing*

progressive（非進行）、non-perfect（非完了）はどれも文法範疇の名称である。Aspect（相）という名称は完了相と進行相という主要な範疇にのみ使用する。ordinary は完了と進行のうち一方の相を表す範疇を指し、Simple はどちらの相をも標示しない範疇を指す（Leech:4）。

20世紀英語学の集大成と言えるクワークら（Quirk et al. 1985）は、リーチと同様に進行相と完了相の2相を想定している。コムリーの研究を分岐点とするかのように、クワークらにおいては相の定義に変化が見られ、直示性への言及がある。

> The term ASPECT refers to a grammatical category which reflects the way in which the verb action is regarded or experienced with respect to time. Unlike tense, aspect is not deictic, in the sense that it is not relative to the time of utterance. ［Quirk et al.:188］
> （「相」という用語は、動詞が表す行為が時間に関してどのように見られ、あるいは経験されるかを反映する文法範疇を指す。時制と違って相は直示的ではない。相は発話の時間と相対的でないからである。）

これは今日を代表する見解であるが、コムリーを表面的に引用した観があり歯切れが悪い。実際に次の箇所では戸惑いが表明されている。

> In fact, aspect is so closely connected in meaning with tense, that the distinction in English grammar between tense and aspect is little more than a terminological convenience which helps us to separate in our minds two different kinds of realization: the morphological realization of tense and the syntactic realization of aspect. ［Quirk et al.:189］
> （実際、相は意味の上で時制と緊密に関連しており、英文法で時制と相を区別するのは、時制を形態的に表し相を統語的に表すという２つの異なる実現形式をわれわれが頭の中で区別しやすくするための、用語上の便法以上のものではない。）

意味的に似ていることがらに「時制」と「相」という異なる名称を与えて区別するのは、動詞形態と統語という、実現形式の違いをイメージするための便法だ、とは、相の意味が今ひとつよく分からないと認めるに等しい。

　よく分からないと言いながらも、クワークらは、完了相の最も包括的な特徴として「時制などが合図する時間に先立つ時間（anterior time）」(Quirk et al.:190) という概念を強調した。この anteriority は「完了相が表す過去の時間」ということになるが、これが「過去時制が表す過去の時間」とどう違うのかは彼ら自身にも判然としないようだ。

　彼らの問題は、直示性の重要さを認識していないことである。同じことが現代のハドルストンとプラム (Huddleston & Pullum 2002) にも見られる。ハドルストンとプラムにおいては、完了が「先立つ時間」つまり過去の時間を表すことが重要視され、現在完了は過去を表す副次時制として位置づけられた。ハドルストンとプラムによって、完了は再び「時制」の範疇に押し戻されたのである。それと同時に、時制の定義から直示性が消えた。こうして、has は現在時制であるが has gone は過去時制であるという、直観的には理解しがたいパラダイムが提案された。

表1-6 ハドルストンとプラム(Huddleston & Pullum 2002)の時制と相の体系

体系	用語	標示の方法	例
主要時制 (Primary tense)	過去時制 (Preterite)	過去時制を表す屈折	went
	現在時制 (Present)	現在時制を表す屈折	goes
副次時制 (Secondary tense)	完了 (Perfect)	have + 過去分詞 (have + past participle)	has gone
	非完了 (Non-perfect)	特に標示なし	goes
相 (Aspect)	進行相 (Progressive)	be + 動名詞分詞 (be + gerund-participle[3])	is going
	非進行相 (Non-progressive)	特に標示なし	goes

実際には直示こそが、そして直示だけが時制の機能なのである。そのことを見失うと時制と相の区別が曖昧になり、体系がこのように複雑になる。

デクラーク(Declerck 2006)も「直示性」を発話時から切り離してしまい、その上で、時制を事態時(situation time)と基準時(orientation time)の関係によって定義した。基準時は発話時(speech time)であることが多いが、そうでなくともよい、とした[4]。こうして、2つの時間に言及する表現は何であれ時制を表すと考えられた。また、時制を表すのは動詞であるが、動詞の屈折形態に限るわけでもないと言う(Declerck:96-7)。

こうして直示性を時制の定義から外し、クワークらがこだわりを捨てきれなかった動詞の屈折形態という制約をも外すと、現在完了は時制の定義に合致する。現在完了は、現在と過去の2つの時間に言及するからである。デクラークによれば、現在完了は現在時制でも過去時制でもない独自の時制である(Declerck:108)。当然、完了相などという相は存在しないことになる。

以上が近年の英語学の現状である。さまざまな体系が提案されているが、共通に見られる問題意識は、現在完了が過去の事態に言及するという事実である。しかも、その事態は「単純形」と同じように過去の時間に終わっていることが多いため、現在完了を「現在時制」と呼ぶことに矛盾を感じる、と

いったところである。本書のように、時制の機能を直示に限定し、現在完了は過去の時間ではなく過去の事態に言及すると考えれば、シンプルで理に適った体系が姿を現してくる。次の 1.1.2 ではその体系について解説する。

1.1.2　2 時制 3 相を支える「外と内」の原則

　本書では、この章の冒頭で述べた時制と相の定義にもとづいて、英語に関しては 2 つの時制と 3 つの形式的相(formal aspect)の体系を提案する。形式的相とは、一般的に「相」と呼ばれているものであり、英語の場合、具体的には、動詞形態、「have + 過去分詞」、「be + 現在分詞」のことである。形式的相の意味は動詞の種類によって異なることがあり、この動詞類を「語彙的相(lexical aspect)」と呼ぶ。ちなみに形式的相も語彙的相も、冒頭で述べた「表すもの」の側であり、「表されるもの」と対峙する。語彙的相については後述することとし、この 1.1.2 では形式的相の体系について解説する。英語の形式的相はどんな意味を表すのだろうか。

　表 1-7 は 2 時制 3 相の体系における sing a song のパラダイムである。本書では、英語の形式的相の体系は、時間軸上で明確な始点と終点を有する事態を想定して構築されていると考える。たとえば人が 1 つの歌を歌うという行為は、意思の発動を始点とし歌の終わりを時間的な終点としている点で典型的である。ここにはプロセスがあり、変化がある。

表 1-7　sing a song の場合の時制と形式的相

	現在時制	過去時制
単純相	sings a song	sang a song
完了相	has sung a song	had sung a song
進行相	is singing a song	was singing a song
(完了進行相)	(has been singing a song)	(had been singing a song)

　表 1-7 の横軸と縦軸(時制と相)は、直示性の有無によって区別される。時制は、話者が当該の時間を外から見て、それが話者自身のいる時間であるか、あるいは話者のいない時間であるかを決めたことを合図する文法範疇であ

る。時制においては事態の様相は問題にならず、単に事態の時間₁が発話時₂との時間的前後関係に関してのみ理解される。

相については、すべての相が直示性の欠如を特徴とし、時間の内側、つまり事態だけを見ることを合図する。相が指示する事態は基準時と関係をもたず、当該の時間₁の中で事態がどのような様相を呈しているかが問題になる。比喩的な言い方をすれば、相においては話者が時間₁の中を覗きこんでいる。

単純相と完了相の意味

時間の内側を見たら事態の存在が見えた、という場合には、話者は事態の存在を外の視点で見ている。時間の内側でありながら事態の外側。これを表すのが単純相である。

これまでの文法研究では、単純相は相として認識されてこなかった。たとえば He sings a song (before breakfast every morning) など、ある文が完了相でも進行相でもない事態に言及している時には、時制だけが記述の対象になって「現在時制」とだけ呼ばれた。しかし事態の時間的位置と事態の時間的性質は別ものであり、時制と相は別ものである。文を発する話者は通常、時間について述べたいのではなく、事態について述べたいのである。何らかの事態が必ず存在する。そうでなければ、そもそも文を発する理由がない。He sings a song が現在時制であることとは別に、これが単純相であることを文法上で認めることが必要である。

単純相は事態の存在を表すが、英語の単純相は、その事態が1回だけ（現在時制の場合は通常、未来の予定として）存在するのか、反復的あるいは習慣的に存在するのかを明示しない。He sings a song はこの点に関して曖昧で、どちらの読みを合図する付加語が文脈中にあることが望ましい。

次に完了相は、単純相に準じる相である。過去の事態に言及したくても、過去時制を使える条件が整っていなければ過去時制は使えない。そのような時には現在時制の完了相にする。完了相は、できごと自体は過去に起きたけれどもその過去の時間は重要ではなく、むしろそのできごとと現在との関連

が重要であることを合図する。

　では完了相の意味、つまり相性（そうせい）、は何であるのか。完了相は話者が現在の事態₁の内側にまで目をやり、事態₁の内部にもう1つの先立つ事態₂が存在することを認識したことを表す。伝統的に、完了相が先立つ時間を含意すると言われてきたのはこのためである。事態₁は当該時における主語の状態であり、事態₂はその状態を作った要因である。完了相においては事態₁が言語化されることはなく、事態₂が叙述される。

　存在の認識は通常、外側から行われるため、話者の視点は事態₁の内側にありながら事態₂の外側にある。このように外の視点で存在を認めるという意味では、完了相は単純相に通じる。I sang a song と I have sung a song はどちらも「歌った」という事態の存在をまるごと、つまり外からの視点で捉えたものである。ただし、状態を表す動詞の場合は例外である。たとえば I knew the answer や I have always loved you では、当該の事態が今も継続している可能性があり、まるごと捉えたとは言えない。存在が有界性を前提とするのに対して、状態は連続性を表すものであるからだ。このように動詞の種類によって形式的相の意味が変異することについては 1.1.3 で述べる。

進行相の意味

　進行相は、事態₁の内部が区切りのない連続体を成していることを合図する。事態₁には確かに始点があったのだが、その始点は事態₁の内部には存在しない。いつかは終わるという含意もあるが、その終点も事態₁の内部には存在しない。見えるのは、完了に向かう状態変化だけである。He is singing a song では、歌うという行為が終わりに向かって進行している。その一連の状態変化を分節することはできず、話者はこれを均質的な状態変化の連続と見る。

　こうして外と内の視点という原則によって、いわば入れ子式に時制と相が体系づけられる。表 1-8 はこれをまとめたものであり、図 1-1 はこれを図解したものである。ちなみに完了進行相は完了相と進行相の組み合わせであり、事態₁の中に漠然とした、あるいは明確な始点の存在が含意される。こ

の「始まり」を先立つ事態₂と見るのである。その始まった事態は、まだ完了せず進行中である。

表 1-8　英語の時制・相体系を貫く「外と内」の原則

時制：外の視点。時間₁と時間₂(発話時)の前後関係を表す。	
相：内の視点。時間₁の中の事態₁のあり方を表す。	
単純相：外の視点。時間₁の中の事態₁を点として表す。	
他の2相：内の視点。時間₁の中の事態₁を、内部をもつものとして表す。	
完了相：外の視点。事態₁の中に事態₂を認め、事態₂を点として表す。	
進行相：内の視点。事態₁が進行中であることを表す。	

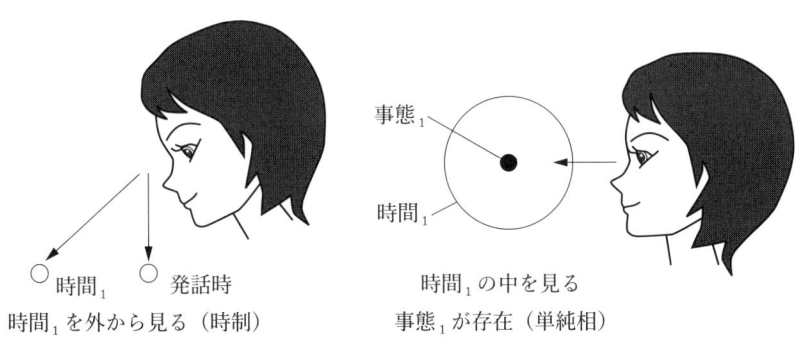

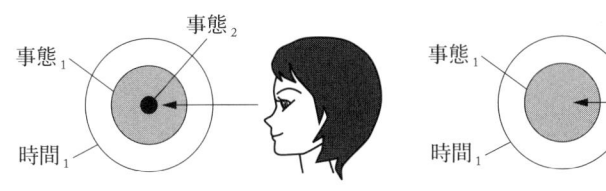

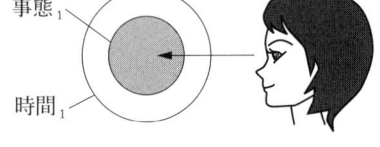

図 1-1　英語における「外と内」の原則

英文法の随所に見られる「外と内」

時制と相の体系を支える「外と内」の二分法は、英文法の他の領域でも利

用されている。

（7）a. There is no school in this neighborhood.（この近辺には学校がない）
　　　b. There's no school on weekends.（週末には学校がない）

（8）a. Joe is in the garden.（ジョーは庭にいる）
　　　b. Joe is a gardener.（ジョーは園芸好きだ）

（9）a. Mary found the cat.（メアリーは猫を見つけた）
　　　b. Mary found the cat charming.（メアリーは猫を可愛いと思った）

(7a)は建物としての「学校」を、(7b)は内側の活動を見ている。これはメトニミーの例でもあり、この他に I gave him the book における物体としての「本」と I read the book における情報としての「本」など、この種の例は多い。(8a)と(8b)では be 動詞が外と内からジョーなる人物を描写している。(9a)の SVO 文は猫の外形に言及し、(9b)の SVOC 文は猫の内なる特徴を1つ取り出して描写している。

　ものごとが外側と内側をもつことは自然の理であり、英文法が随所でこの原則を取り入れているのは驚くに当たらない。注目すべきは、それが時制と相という、文法の中核部に組みこまれていることである。
　表 1-9 は、先の表 1-8 にもとづいて 3 つの相とそれぞれの相性を抽出したものである。表 1-9 で単純相と完了相が基本的に同じ相性を示すことから、過去時制単純相と現在時制完了相の類似性が明らかになると同時に、英語学

表 1-9　英語の形式的相が表すもの

相（＝形式的相）	相性
単純相	事態の存在
完了相	先立つ事態の存在
進行相	完了に向かう事態の進行

単純相と完了相の実例から

　進行相については 1.1.3 まで待つこととして、ここからは単純相と完了相の例文を観察する。まず単純相においては、事態は幅のある時間の中で点として存在する。点として存在する事態は 1 回限りのこともあれば習慣的であることもある。この曖昧性は文中の助動詞や副詞、あるいは文脈によって解消することが多い。

(10)　I used to wake up and see camel shapes in the folds of my bedroom curtains.　　　　　　　　　　　　　　　　　　　　[Baxter 1985:125]
　　　（眼を覚ますといつも、寝室のカーテンのひだが駱駝の形に見えたものよ）　　　　　　　　　　　　　　　　　　　　　[田口(訳):160]

(10) では used to が習慣の読みを指定する。used to がなければ 1 回の動作を表す戯曲のト書きかとも思えるところだ。1 回か習慣かを区別するのは文法の仕事ではない。単純相は「点」の存在だけを合図するものであり、それが当該の時間に 1 つだけ存在したのか、あるいは同じ点が繰り返し出現したのかは文脈の中での解釈に属する問題である。

　事態の存在だけを認識する単純相は，次のような場面で効果を発揮する．

(11)　She's gone! Somebody took her! [TVドラマ「刑事コロンボ─消えた花嫁」]
　　　（彼女がいなくなった！　誘拐された！）

これは刑事コロンボの甥がおじのコロンボに叫ぶ場面である。この (8) はデクラークの言う情報構造のパターンにも合致するが、ここではむしろ同語反復の観が強く、She's gone を略しても発話の価値は変わらない。実際この後でコロンボが消えた花嫁の父親に誘拐の事実を告げる場面では、開口一番 Your daughter was kidnapped と言う。このように予期せぬ事件の勃発を報告

する場合には、できごとを外側の視点でまるごと捉える単純相が合う。

　アガサ・クリスティーから完了相の例を見る。

(12)　I always <u>have heard</u> the cyanide leaves no trace if you wait long enough.
〔Christie 1985:103〕
　　　（シアン化物は、時間が経つと痕跡が消えると聞いています）

確かに過去に聞いた。しかし、いつ聞いたかは重要でなく、定かでもない。聞いた結果として今の自分に知識のあることが重要である。そのことを現在時制完了相が表している。表1-7に即して言えば、(12)では、話者はまず時間を外の視点で見て現在時制を選んだ。次に内の視点で現在の時間の中を見ている。その時間の中には事態$_1$がある。事態$_1$とは、「私」がシアン化物について耳にして知っているという現在の事態$_1$である。ここでやめればI always hear ... という単純相になるが、さらにこの事態$_1$の内側を見ると、そこにはシアン化物について以前に聞いたという先立つ事態$_2$がいくつも存在することに気づく。そこでI always have heard ... と言った。この時、話者の視点は事態$_1$の内にあって事態$_2$の外にある。事態$_1$は現在に属すため、事態$_1$の中の事態$_2$もまた現在のことがらになる。こうして、幅のある現在の幅のある事態の中に時間的な構造が出現する。これにより、現在時制完了相が過去に言及しながらも現在時制であることの説明が可能になる。

　単純相の場合と同様に完了相でも、事態$_2$が1回だけあったのか複数回（習慣的に）あったのかは曖昧である。(12)では always という語が事態の習慣性を合図している。always がなければ「聞いたことがある」という1回の読みとの間で曖昧になるところだ。

　過去の時点が確定していても、さらに主語が故人であっても、現在への影響が続いていることに話者の注意が向いていれば、現在完了が合う。

(13)　Newton <u>has explained</u> the movements of the moon.　〔Jespersen 1931:66〕
　　　（ニュートンが月の運動を説明している）

これを Newton explained ... と過去形で言うと、まるでニュートンの説が現在では否定され顧みられないかのように聞こえる（Jespersen 1931:66）。
　次の例の後半では、現在も住んでいるため since you've lived here とした。

(14)　Have you met any of your neighbors since you've lived here?　［Hewings:6］
　　　（ここに住み始めてから誰か近所の人に会いましたか）

ここは since you started living here と過去時制で言うこともできる。その時には「住み始めた過去のあの時」に話者の注意が向いている。状態を表す動詞である live は「〜し始めた」という過去の一瞬の変化を表すことができないため、現在時制完了相にする。
　完了が相であって時制でないことは、法助動詞の文脈からも明らかである。

(15)　So whether he loved her or not, she must have been a companion for him.
　　　　　　　　　　　　　　　　　　　　　　　　　　　　　　　　　［Tey:50］
　　　（彼が彼女を愛していたかどうかは別にして、彼女が彼の伴侶であったことは間違いない）

(15)で、loved と have been a companion は過去の同じ時間の事態を表している。これを2つの異なる過去の時間を表す2つの過去時制と呼ぶのは無意味であり、時制と相の体系性を見失う結果にもなる。本書では、must によって話者の心的空間が導入され、現在にいる話者の心的空間は必然的に現在に属するため、was a companion という過去時制が現在時制にシフトして have been a companion になったと考える。いわば have been は「was マイナス時制」である。過去に言及しながらも過去時制ではないもの。それが現在時制完了相である。
　次の2例では、現在時制完了相が未来の時間に言及している。

（16） It's the first night we <u>have slept</u> under different roofs since he was born.
　　　　　　　　　　　　　　　　　　　　　　　　［DVD: Little Lord Fauntleroy］
（あの子が生まれてこのかた、別々の屋根の下で眠るのは今晩が初めてです）

（17） This will be the first time we <u>have witnessed</u> his fireworks.
（私たちが彼の花火を見るのは今回が初めてです）

(16)は就寝前に小公子セドリックの母親が言うことばである。(17)は私の友人が、花火師である弟の花火を見に出かける2週間前に言ったことばである(Gregg Eiden 私信)。先に見たように、デクラークは「現在完了時制」の意味を現在以前(pre-present)としたが、これらの例ではむしろ現在以降(post-present)を表している。これはデクラークへの強力な反例である。本書のように現在時制完了相とみなせば、幅のある現在の中での先立つ事態の表現として何の問題もなく記述できる。

1.1.3　進行相が示す「ものの見方」

進行形だけは、これを相とみなすという1点において研究者たちの意見が一致している。ただし進行相が2相のうちの1つであるのか、唯一の相なのか、あるいは本書のように3相のうちの1つとするかは立場が分かれるところである(2相とは完了相と進行相、1相とは進行相と非進行相、3相とは単純相、完了相、進行相である)。

完了相と同様に進行相も、事態の中を見ることを合図する。特に進行相に

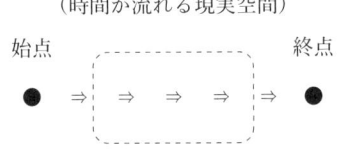

図 1-2　進行相が指示する時間の流れ

おいては、事態は分節されないまま、終点に向けて進行している。図1-2では、進行相が視野に入れている事態を破線で示し、時間が流れていることを矢印(⇒)で表した。

4つの語彙的相

　表1-9が示すように、3つの形式的相はそれぞれに基本的な意味をもっている。それは事態の見方であり、ものの見方である。しかし実際には、形式的相の意味は動詞句の種類によって変異する。この動詞類別を、語彙によって異なる相性を表すということから、形式的相に対して「語彙的相」と呼ぶことがある。しかし本書では特に必要のない限り、動詞句の名称の方を使用する。

　達成動詞(accomplishment verb)、活動動詞(activity verb)、到達動詞(achievement verb)、状態動詞(state verb)は、ヴェンドラー(Vendler 1967)で相性を基準にした動詞類として提案されたものであり、語彙的な動詞というよりは動詞句を単位とした分類である。その後、これらは動詞類というよりは状況のタイプ(situation type)であるという見方が優勢になり(Saeed 1997; Radden & Dirven 2007)、状況タイプと動詞句が同じ名前で呼ばれるに至っている。たとえば達成という状況タイプを表す動詞句は達成動詞と呼ばれる。「状況」は、本書で呼ぶところの「事態」と同義である。

　「達成」とは、有意思の行為を典型とする、時間的な始点と終点のある状況タイプである。「活動」は持続的な行為あるいは持続的な変化であり、やがては終わるという含意がある。「到達」は一瞬の変化であり、意思性は含意しない。「状態」とは、始まりも終わりも含意しない、すでに成り立っている状態を言う。そもそも状態とはそのようなものである。

　これらの状況タイプは、暗黙理に、普遍的であると考えられている。本書では、少なくとも英語と日本語に関してはこの4分類が成り立つと考えて、この分類を援用する。表1-10は語彙的相としての動詞4分類とそれぞれの例を示す。

表 1-10　4 種類の状況／相性にもとづく動詞 4 分類（= 4 つの語彙的相）

状況タイプ／動詞類：	例
達成：draw a circle; paint a picture; rob a bank; sing a song; grow up; ...	
活動：swim; run; chat; dance; paint; grow; ...	
到達：fall asleep; notice something; reach the summit; win; die; ...	
状態：know the answer; have blue eyes; like ice cream; live; love you; ...	

　状況タイプすなわち動詞類は形式的相の下位類であり「表すもの」である。これに対応する「表されるもの」すなわち相性は、達成動詞においては先の表 1-9 で示した上位概念である形式的相の相性と一致する。表 1-11 では、達成動詞の形式的相と相性をまとめ、含意を（　）で付記した。達成動詞は「事態の存在」「進行」「完了（＝事態$_2$の存在）」の概念で説明できる。

表 1-11　達成動詞が表す相性

	現在時制	過去時制
単純相	現在の時間の中に事態$_1$が存在 例　I draw a circle：円を描くという事態$_1$	過去の時間の中に事態$_1$が存在 例　I drew a circle：円を描いたという事態$_1$
完了相	現在の事態$_1$の中に事態$_2$が存在 例　I have drawn a circle：現在の私という事態$_1$；過去に円を描いたという事態$_2$	過去の事態$_1$の中に事態$_2$が存在 例　I had drawn a circle：過去の私という事態$_1$；先立つ過去に円を描いたという事態$_2$
進行相	現在の事態$_1$が進行中 例　He is drawing a circle：彼が絵を描いているという事態$_1$ （始点と終点あり；円を描き終えて事態$_1$が完了するかどうかは不明）	過去の事態$_1$が進行中 例　He was drawing a circle：彼が絵を描いていたという事態$_1$ （始点と終点あり；円を描き終えて事態$_1$が完了したかどうかは不明）

　活動動詞においては、進行相の意味に違いが生じる。達成には「完了」という概念が関わるのに対して、活動動詞にはそれがないのである。たとえば swim の場合、少しでも泳げば泳ぎは成立し、気の向くままに切り上げても「泳いだ」と言える。

表 1-12　活動動詞が表す相性（単純相と完了相は達成動詞と同じ）

	現在時制	過去時制
進行相	現在の事態$_1$が持続 例　She is swimming：彼女が泳いでいるという事態$_1$ （いつの時点でか事態$_1$が止む；事態$_1$はすでに成立）	過去の事態$_1$が持続 例　She was swimming：彼女が泳いでいたという事態$_1$ （いつの時点でか事態$_1$が止んだ；事態$_1$は成立）

達成と活動の相性の違いは、いわゆる in-for test で明らかになる。

(18)　I painted a picture in/for an hour.（1 時間で絵を描き上げた）

(19)　I painted pictures for/*in hours.（1 時間絵を描いた）

(20)　I swam for/*in an hour.（1 時間泳いだ）

(18)では、in が「(1 枚の)絵を描く」という達成の完了を表し、for は未完了を表す。(19)では目的語 pictures が複数形であることから、paint pictures は「(不特定数の)絵を描く」という意味の活動動詞にあたり、前置詞 in とは共起しない。活動自体は成立している。(20)の swim も活動動詞であり、「泳ぐ」という活動の事態は成立している。

　到達動詞の進行相も独特の相性を表す。途中で事態$_1$が中断すれば、事態$_1$は不成立である。成立しても、それは「進行」して「完了」したのではなく、徐々に、あるいは突然に変化が起きたということである。到達動詞の進行相は、今にも変化の瞬間に至りそうであることを表す。ちなみに *The sun is rising at 6:00 a.m. tomorrow などは変化を表しておらず非文である。無生物の場合、確定した予定は The sun rises ... と単純相で言う。

表 1-13　到達動詞が表す相性（単純相と完了相は達成動詞と同じ）

	現在時制	過去時制
進行相	現在の事態$_1$が成立に向けて変化 例　He is falling asleep：彼が眠りそうという現在の事態$_1$ （まもなく事態$_1$が成立；今はまだ不成立）	過去の事態$_1$が成立に向けて変化 例　He was falling asleep：彼が眠りそうという過去の事態$_1$ （事態$_1$が成立したか不明）

最後に、状態動詞は単純相と完了相において、有界の事態をまるごと捉えるというよりは切れ目のない事態の連続したあり方を表す。このため必ずしも事態の区切りを表さず、I knew the answer が現在は忘れたということを含意するわけでもなく、I have always loved you が、おそらくこれからも愛するであろうことを強く含意するのである。

表 1-14　状態動詞が表す相性

	現在時制	過去時制
単純相	現在の時間の中に事態$_1$が連続 例　I know the answer：答えを知っているという事態$_1$	過去の時間の中に事態$_1$が連続 例　I knew the answer：答えを知っていたという事態$_1$ （今も知っている可能性あり）
完了相	現在の事態$_1$の中で事態$_2$が連続 例　I have always known the answer：現在の私という事態$_1$；以前から答えを知っていたという事態$_2$	過去の事態$_1$の中で事態$_2$が連続 例　I had always known the answer：過去の私という事態$_1$；それ以前から答えを知っていたという事態$_2$
進行相	×	×

表 1-14 が示すように、状態動詞は基本的に進行相にならない。しかし、例外の定番とも言える He's resembling his father every year（彼は年々、父親に似てくる）を始めとして、意思性、一時性、変化、のいずれかが含意される時には進行相が許容される。次の例は be unkind に意思性と一時性を認めて進行相にしたものである。

(21)　Aren't you being a little unkind?　　　　　　　　　　[Christie 1944:16]
　　　（それはちょっと意地悪な見方じゃありませんか）

進行相の文法的ふるまいから、4つの語彙的相のうち状態動詞は変則的であり、英語の相体系の周縁に位置づけられることが分かる。一方、動態を表

す達成動詞、活動動詞、到達動詞のうちでは、達成動詞が明確な始点と終点をもっており、終点の曖昧な活動動詞、あるいは始点の曖昧な到達動詞の進行相の意味を解釈する上での指針となっている。このことから、英語の相体系は達成動詞を中心に構築されていると考えられる。

達成動詞は通常、人が意思をもって行動を起こし、行動が進行し、意図した通りの結果に至って完了することを表す。達成動詞が表すこの図式は、原因が結果をもたらす「因果関係」という自然の理を反映している。

強い進行相

ここまでで進行相が語彙的相の違いによって多様な相性を表すことを見た。しかし実際には、語彙的相つまり動詞類別は必ずしも自明ではない。

(22) I wasn't getting through to him, I could see that.　　　［Carver:225］
　　　（話がちゃんと通じているようには私には思えなかった）

［村上（訳）:180］

(23) She was heading toward a boil.　　　［Carver:218］
　　　（妻は今にも爆発しそうだった）　　　　　　　　　　［村上（訳）:170］

(22)の句動詞 get through to him は達成動詞とも到達動詞とも思える。意思疎通を成就させる行為と解釈すれば達成動詞であり、話が通じる一瞬を捉えた表現と解釈すれば到達動詞ということになる。一方、(23)の head toward a boil は、目標に向かう行為と見れば活動動詞であり、be going to boil の変異形で沸騰の瞬間に向かう変化と見れば到達動詞である。これらの例が示すように、語彙的相の特定は時に困難を伴うが、進行相が事態の成立に向かうダイナミズムを表すことに変わりはない。

次の(24)の glow と ache は、はっきりした始点が含意される点では活動動詞のようであり、単純相で状態を表し得る点では状態動詞のようである。(25)の have は状態動詞である。しかし、どれも進行相では活動に見える。

(24) His chest is glowing and aching, and he feels displaced. ［Baxter 1985:121］
　　　（胸のあたりに不快なほてりがあって、しかも自分が何か場違いなところにいるような……） ［田口（訳）:155］

(25) But it does reminds me a little of the trouble we are having with the district nurse. ［Christie 1985:101］
　　　（でも確かに、地区看護師とのもめごとに似たところがありますね）

　(24)には、ほてりと痛みが「彼」を責め苛んでいる含意がある。(25)からも、人の交流や心の葛藤、いつまでも続くものではないはずという思いが伝わる。このビビッドな感じは日本語訳からは消えている。
　次の(26)や、同類の I'm hearing things（幻聴がある）の進行相からは異常性が伝わってくる（Berk:109）。これは、正常でなく、すぐ終わるはずの一時的な事態を表す用法として説明できる。

(26) You're seeing things. ［Baxter 1985:123］
　　　（目の錯覚じゃないのかね） ［田口（訳）:158］

　これらの実例から、英語の語彙的相は形式的相に比べて弱い概念であることが見えてくる。先に4つの動詞類の中核的な例を観察した結果、特に進行相において類ごとに意味の違いが発見され、達成動詞が体系の要であることを観察した。しかし周縁的な動詞句の場合は動詞類の特定が必ずしも容易ではなく、むしろ進行相という形式的相の力で意味が決まる観がある。進行相は強い文法概念である。
　進行相を用いたすべての例文が、未来に向かう感じを伝える。事態が何らかの点で「終点に向かう行為」に類似していれば、時には強引に進行相にして構わない。この躍動感と未来指向は英語の特徴である。進行相は、事態の中を時間が流れていることを合図する。

1.1.4　時制の一致が示す遠近法

　時間は、事態の中だけでなく事態の外をも不断に、着実に、過去から未来へと流れている。この 1.1.4 では時制の一致の現象を通して、英語が現実の時間の流れに忠実であることを観察する。また、過去完了形や法助動詞が関わる時制の一致の現象から、完了が時制ではなく相であることを改めて確認する。

　時間の流れを客観的に表現するためには、話者が発話時という立ち位置を守ることが重要である。英語の話者は発話時から視点を動かすことなく、過去の事態や、それよりもっと遠い過去の事態を眺める。

（時間が流れる現実空間）

　　　　　過去の事態₂　　過去の事態₁　　　発話
　　⇒　　　●　　⇒　⇒　　●　　⇒　⇒　　●　　⇒

図 1-3　時制の一致が指示する時間の流れ

図 1-3 における過去の事態₁ を、現在に取り込んで現在時制完了相で表すか、あるいは過去の時間に属すると見て過去時制単純相で表すかは先の 1.1.2 で見た。1.1.4 では過去の事態₁ を過去時制にした場合に、過去の事態₂ との前後関係をどう表すかについて述べる。

　基本的に、2つの事態が同じ過去の時間に属する場合には、時制の一致の原則によって双方を過去時制にする。次の(27a)は典型的である。

(27) a.　I <u>was</u> on the tape, she said.　　　　　　　　　［Carver:212］
　　　　（あなたのことが話題になっているから、と彼女は言った）

　　　　　　　　　　　　　　　　　　　　　　　　　　　　［村上(訳):159］

　　b.　"You <u>are</u> on the tape," she said.

(27a)では基準となる時間が過去であるため、それと同時間の事態は時制を一致させて過去時制にした。(27a)を直接話法で書き換えた(27b)では、時

制の一致が解除されて was が are に変わっている。

(28) a.　Jim whispered that he was still thirsty.　　　　［Declerck:596］
　　　　（ジムが、まだ喉が渇いていると小声で言った）
　　b.　Jim whispered that he was still thirsty at three o'clock.　［Declerck:596］
　　　　（ジムが、3時にはまだ喉が渇いていたと小声で言った）

(28a)では、whisper と thirsty という2つの事態は同じ過去の時間に属している。そこで時制の一致により双方を過去時制にした。一方、(28b)の場合は、at three o'clock という時間の副詞句から、thirsty であった時間は whisper した時間に先立つと解釈するほかない(Declerck:596)。このような場合には、時制の一致の原則によれば事態$_2$を過去時制完了相にして ... that he had been still thirsty ... とするべきだが、そうしなかったのは副詞句 at three o'clock が理解を助けると判断できるからだ。このように時制の一致が厳密に守られない現象は、過去の時間を基準にした文ではよく見かけられる。

次の(29)から(31)は、図1-3の過去の事態$_2$と事態$_1$に前後関係が存在し、かつ動詞句がそれを反映する例である。過去の事態$_1$を基準にした時制の一致においては、事態$_1$に先立つ時間に起きた事態$_2$と、事態$_1$と同時間の事態$_2$の違いが見えなくなる。このような中和の現象が起きることから、逆に話者の立ち位置が見えてくる。まずは従位節が過去の過去を表す例から見る。

過去の過去

(29)　Grant was bed-borne, ... because he had fallen through a trap-door.

　　　　　　　　　　　　　　　　　　　　　　　　　　　　［Tey:12］
　　（グラントは、ベッドの上の生活を余儀なくされていた。はね上げ戸の穴から落ちたからである）

(29)では、was bed-borne という過去の時間よりさらに遠い過去を had fallen が指示している。そのように解釈しないと意味が通らない。主節の動詞を現在時制にシフトすると Grant is bed-borne, ... because he fell through a trap-door になる。従って(29)の had fallen という過去完了形は、「過去の過去」を指していると考えられる。

しかし次の(30)と(31)では、過去完了形が過去の過去を指示してはいない。

過去の完了

(30) Back when Richard and Alice were engaged, Sam had tried to talk Richard out of it. 〔Beattie 1974:3〕
(昔リチャードとアリスが婚約していた頃、サムはリチャードに、婚約を思い直すように、と勧めたことがあった)

(31) She hadn't seen him since she worked for him one summer in Seattle ten years ago. 〔Carver:209〕
(彼女は十年前の夏、シアトルにいるときに彼の下で働いていたのだが、それ以来一度も二人は顔を合わせたことはなかった)
〔村上(訳):155〕

(30)の had tried は、Sam tried ... ではなく Sam has tried ... をシフトさせた形である。リチャードとアリスの婚約中という過去の時間の中のある時に勧告をしたと言っているのであって、婚約中という過去の時間に先だつ時点に言及したものではない。(31)では、彼女は10年前の夏以来彼に会っていない。つまり worked より hadn't seen の方が時間的に後である。しかし小説が過去時制を基準にしているため hasn't が hadn't にシフトした。(30)の had tried、(31)の hadn't seen は「過去の完了」と呼ぶのが相応しい。

このように、いわゆる過去完了形は過去の過去を表したり過去の完了を表したりする。英語は「過去の過去」を表す文法範疇をもたず過去時制完了相

を代用しているというのが実情だが、そもそも「過去の過去」が文法化されなかったのは、これを明示的に表現する必要性があまりなかったからであろう。話者は必然的に現在に存在する。現在と過去について語りたい場合は多くても、過去の過去について語らねばならない時はさほど多くない。

　言い換えれば、過去完了の本来の機能を示すのは(29)ではなく(30)と(31)の方である。その(30)と(31)では、had tried、hadn't seen という完了形は、「(基準となる過去の時間の中で)……したことがある／ない」と言っている。つまり現在時制の完了相と同じように、過去時制の完了相もまた、先立つ時間を指示するというよりは、基準となる時間の中での先立つ事態に言及する。

過去と完了の中和

　過去時制完了相の示す曖昧性は、次の(32c)のように主節が過去時制である場合のみでなく、(33c)のような認識用法の法助動詞の文脈においても観察される。

(32) a.　Mary said, "I have seen a gryphon."
　　　　（メアリーが「グリフォンを見たことがある」と言った）
　　b.　Mary said, "I saw a gryphon."
　　　　（メアリーが「グリフォンを見た」と言った）
　　c.　Mary said that she had seen a gryphon.
　　　　（メアリーがグリフォンを見た（ことがある）と言った）

(33) a.　Jane has seen a gryphon.
　　　　（ジェーンはグリフォンを見たことがある）
　　b.　Jane saw a gryphon.
　　　　（ジェーンはグリフォンを見た）
　　c.　Jane must have seen a gryphon.
　　　　（ジェーンはグリフォンを見た（ことがある）に違いない）

(32a) と (32b) では I have seen a gryphon と I saw a gryphon が現在時制と過去時制で対立する。これに対して (32c) の従位節の中では she had seen a gryphon となって対立が中和している。発話時から動かない英語の話者にとって、主節の時間が過去の時には、従位節の時間が過去の過去であるのか、過去の完了であるのかが見えなくなる。このことから、英語の時制の文法には遠近法的なものの見方が組みこまれていることが分かる。

次に (33) を見ると、(33a) と (33b) が明示する時間の違いが (33c) では見えなくなっている。(33c) は現在時制であり、発話時を基準としているが、法助動詞 must によって話者の主観的判断の世界が導入されている。主観の世界は、客観的な現在とは一線を画した遠い世界である。過去の過去が良く見えなかったように、現実ではない主観世界の過去もよく見えない。そのよく見えない時間を表す文法範疇も存在しない。そこで現在完了形を代用した。

英語の話者は、客観世界の現在の発話時から動かない。時間は常に、客観世界を過去から未来へと直線的かつ一方向に流れており、時制の一致はそれを反映する。

直示性が取り消される時

　従属節の中では、時制の直示性が取り消されるという指摘がされることがある。

(34)　If he doesn't buy it he'll soon regret that he <u>didn't</u>. ［Huddleston 1995:103］
　　　（それを買わないと彼はじきに後悔することになるだろう）

(35)　Mother treats me as if I <u>were</u> a small child.
　　　（母は私をまるで幼児のように扱う）

(34) は「買わない」という現在の可能性を過去時制で表している。この didn't は、話者が仮定する世界での「買わない」と「後悔する」の相対的な時間的順序を反映するが、発話時を基準としておらず直示的ではない。(35)

は「幼児ではない」という現在のことがらを過去時制で表している。この were は仮定法である。(34)と(35)はどちらも、仮定や主観を述べる文脈では通常の時制が取り消されることを示す例である。そうすることによって非現実性を合図するのである。この他に He runs as if his life depended on it、He ran as if his life depended on it、He looked as if he had seen a ghost など as if が導入する非現実の世界では時制が変則的になる。しかし、現実世界を描写する直説法においては、時制は直示的であり、英語では、時間は遠近法的で一方向に流れるものとして捉えられる。

以上この節では、2つの原則すなわち2つの自然の理が英語の時制と相の体系を支えていることを見た。1つは時間が一方向に流れるという原則であり、進行相と時制の一致において特に顕著に見られた。もう1つは事態が外側と内側をもつという原則であった。外と内の原則は、入れ子式に繰り返し適用されることで英語の時制と相の体系を構築している。

1.2　日本語の時制と相が話者の視点を表す

　この節では日本語の時制と相について述べる。日本語文法にも時制と相は備わっており、前節で見た英語と同じ定義があてはまる。

　　時制とは、事態の時間的位置を直示的に表す文法範疇である
　　相とは、事態の時間的あり方を表す文法範疇である

　時制については、日本語文法にも現在時制と過去時制の区別があり、現在時制は話者のいる現在の時間を、過去時制は話者のいない過去の時間を指示する。現在時制が指示する時間は、無時間、現在の瞬間、幅のある現在、未来であり、過去時制が指示する時間は、瞬間あるいは幅のある過去の時間である。ここまでは英語と同じだが、日本語では「話者のいる時間」が主観に大きく依存して決まり、そのために時制の用法が複雑になる。

相については、単純相、継続相、完了相がある。単純相は英語と同様に事態の存在を表す。繰り返しになるが、事態の存在を表すとは、事態の全体を外側からの視点でまるごと捉えて標示することを言う。次に日本語の継続相は、成立した事態の結果状態が連続していることを表し、「今／朝から／東京オリンピックで／泳いでいる」は一様に継続相で表される。英語ではこれらが各々、進行相 He is swimming、完了進行相 He has been swimming ...、過去時制の単純相 He swam ... に分かれることから、日本語の体系が英語と根本的に異なることは明らかである。さらに、日本語の現在時制には、話者の主観の中で事態が「今」、存在するに至ったことを表す独自の完了相が備わっている。

これを示したのが、本章の冒頭でも提示した表 1-2 である。これにより、従来の研究でやや曖昧にされてきた日本語の時制・相体系が、すっきりとした姿を現してくる。特に現在時制に相が１つ多く備わっており、体系全体が非対称性を呈することが特徴的である。

表 1-2　本書が提案する日本語の時制と形式的相

	現在時制	過去時制
単純相	する	した
継続相	している	していた
完了相	した	×

次の表 1-15 は「わかる」を例にとったパラダイムである。

表 1-15　「わかる」の場合の時制と形式的相

	現在時制	過去時制
単純相	わかる	わかった
継続相	わかっている	わかっていた
完了相	わかった	×

到達動詞中心の形式的相

　日本語の相体系では、英語の He is swimming、He's been swimming since morning、He swam in Tokyo Olympics がどれも「泳いでいる」で表されることになる。この違いをもたらすものは、日本語の動詞（句）におけるプロセスの概念の欠如である。

　日本語の文法は、事態が進行して完了するという「ものの見方」を体系に取りこんでいない。達成を表す1語動詞をもたないのはこのためである。日本語の世界では、事態はプロセス抜きに瞬時に成立し、その後は、結果状態が継続する。したがって「絵を描きあげる」等の達成動詞の継続相「絵を描きあげている」は、絵を描きあげてしまった状態を表す。あるいは緩い用法として完成間近であることを表すが、こちらの場合は「（描き）あげる」段階に入ったとたんに事態が成立したと見るようである。活動動詞の「泳いでいる」なども、英語のように終点のある活動の持続と見るのではなく、泳いでいるという状態の連続と見る。状態であるため、終点の含意はない。つまり時間の流れが意識されない。

　先に英語では達成動詞が形式的相の体系の中心であることを見たが、では日本語の形式的相はどのような動詞を中心に体系化されているのだろうか。ヴェンドラー流の4つの状況タイプが少なくとも英語と日本語に共通であるとすれば、日本語にも英語と同じように表1-16が示す4つの状況タイプすなわち語彙的相が存在すると考えられる。

　英語では paint a picture の a が達成を表し、paint pictures の複数形が活動を表した。しかし日本語には冠詞がなく、数の文法概念もないことから、達成の状況を表すには「描く」や「登る」に「あげる」「きる」などの語を付け足す必要がある。「あげる」の付かない「絵を描く」や「きる」の付かない「走る」は活動動詞であり、「つくす」の付かない「知る」などは一瞬の変化を表す到達動詞である。状態については、状態だけを表す動詞は数が少ないが、それ以外のあらゆる動詞を継続相にして状態を表すことができる。また、形容詞や形容動詞に「である」を付けて状態を表すことができる。

表 1-16　4種類の状況／相性にもとづく動詞4分類（〜は目的語）

状況／動詞類：	例
達成：絵を描きあげる；坂を登りきる；黙りとおす；金を使いはたす； 　　　1キロを走りきる；1キロ走る；知りつくす；…	
活動：絵を描く；山に登る；遊ぶ；泳ぐ；おしゃべりする；学校に行く；…	
到達：〜を知る；〜を見つける；死ぬ；人と出会う；〜の気がする； 　　　〜がわかる；…	
状態：〜を描いている；〜が要る；いる；〜がある；〜を好きである；…	

　こうして見ると、1語動詞で第一義的かつ生産的に表されるのは活動と到達だけである。このうち、事態が瞬時に成立することを本来的に表すのは到達動詞であり、活動動詞やその他の動詞類は到達動詞に準じて終点中心に理解される。このことから、日本語の相体系は到達動詞を想定したものであると考えるべきである。言い換えれば、日本語ではすべての動詞が到達動詞であるかのように理解される。

表 1-17　到達動詞が表す相性

	現在時制	過去時制
単純相	現在の時間の中に事態が存在 例「真相を知る」	過去の時間の中に事態が存在 例「真相を知った」
継続相	現在の時間の中で状態が連続 例「真相を知っている」：真相を知るという事態が以前に成立；その結果の状態が現在に連続	先立つ事態の結果が過去で連続 例「真相を知っていた」：真相を知るという事態が過去の先立つ時間に成立；その結果の状態が過去に連続
完了相	話者の主観の中で事態が出現 例「（そうか）わかった」：不明であった事態の存在を認識	×

　ここで無視できないのが、数少ない本来の状態動詞である。特に「ある」と「いる」の完了相「あった」「だった」「（して）いた」は、日本語の相体系に現在時制完了相があることを証言する重要な動詞である。完了相は話者の認識など心的な変化を表すための相であり、語彙的な制約があるが、存在や様態を表す「ある」「いる」の他に、到達動詞「わかる」「困る」「嫌になる」

「(アタマに)くる」「腹が減る」「疲れる」などが、話者の状態を表す場合には完了相になる。

　こうして語彙的相を比較することで、日本語における到達の状況タイプの中心性が理解できた。それと同時に、日本語の語彙的相が弱い概念であることも分かった。相性にもとづく動詞類は日本語文法では重要なことではなく、むしろ、上で挙げたような、存在や(心情を含めた)様態を表す個々の動詞が突出した文法機能を果たしている。これらの動詞は文脈によって完了相の可否が決まるため、動詞自体を類別するための名称が存在しない。しかし「完了相」という範疇でその実態を捉えることができる。

　日本語の形式的相の体系は、できごとが出来(しゅったい)し、その結果が継続するという状況を想定したものである。日本語はそのような状況を表したい言語である。それが話者の心の中のできごとならばなおさらであり、心の中の変化を表すための相が1つ存在する。このため相体系が非対称的である。従来の研究では、「した」の二重の機能と体系の非対称性が考慮されておらず、隔靴掻痒の感がある。以下では先行研究に言及しながら本書の提案を論証する。

不安定な日本語の時制

　まず時制から考察する。明治以来、国語学者の間では、西欧語のような時制の概念を、時間の表現法のまったく異なる日本語にも認めるべきかについて議論が起きていた(三浦 1976:212)。その中で細江(1932)は英語について検証し、「Tense は本来思想様式の区別を表すものであって、時の区別とはなんの関係もない」、「(時制、法、相[5]は明瞭な区別のある範疇ではなく)たぶん、すべては1つである」という見解を表明した(細江:167)。松村(編)『日本文法大辞典』(1971)には、細江と同じことばで、日本語における時制への懐疑が記されている(松村:549–550)。

　現代でも、日本語に時制は存在しないとする立場がある。安藤(1986)は、次のような応答が可能なことから、日本語に時制は存在せず、完了と「非完了」の対立のみがあるのだと言う。

(36) 昨日、一杯やったかい？―いや、やらない
(37) 着いたら電話を下さい　　　　　　　　　　　　　［安藤：175］

　確かに、(36)の「昨日、一杯やった？」という質問に対して「やらなかった」「やっていない」「やらない」のいずれでも答えることができてしまう。(37)の「着いたら電話を下さい」の「着いた」も決して過去の時間を表してはいない。

　しかし、(36)の問に対して肯定文で答える場合には、「やった」と言わねばならない（「やっている」は(36)の問に対する返答としては変則的である）。「*昨日、一杯やる」は非文であり「*明日、一杯やった」も許容されない。時制の縛りは確かに存在する。

　(36)の「やらない」からは強く否定したい心情が伝わる。「やっていない」では、話者の心の中で昨日と今が線引きされず連続していて、昨日はやらなかったが今日あたり一杯やるかもしれないといった気分が伝わる。そういったプラスアルファの感じが伝わるのは、一方で「やらなかった」という標準的な過去時制が存在し、それを故意に外すことに意味があるからである。つまり時制は存在する。

　(37)の「着いた」は、完了を表す相というよりは相対的な時制である。この相対時制が日本語のものの見方を如実に物語ることについては 1.2.1 で述べる。

(38) 「温泉場へ来るとすぐ思い出す話があるんだが、君にはもうしたかしら」……
　　　「丑之助の出てくる話なんか未だ聴かないよ」
　　　「丑之助は出て来ないが、丑之助に似た女の出て来る話なんだ」
　　　「聴かないね」　　　　　　　　　　　　　　　　［志賀 1910:134］

　(38)は(36)に類する例である。「聴かない」は、「聴いていない」に比べて遠慮のない否定になっている。日本語は、時間を正確に表すよりも心情を伝

えることを優先するようである。言い換えれば、過去時制が弱い。これについては 1.2.2 で論じる。

非対称的な相体系

　日本語にも現在時制と過去時制があるとして、では相については従来どのように考えられてきたのだろうか。まず単純相は通常「完成相」と呼ばれ、その形式は「スル」と「シタ」である（国立国語研究所 1985; 工藤 1995）。研究者によって提案する時制・相体系がいくぶん異なるため、意味の上では本書の単純相とは完全に一致しないが、英語学界で単純相を設定することが未だできていない現状を省みるに、日本語学界では「完成相」という名のもとに、事態の全体を外の視点で見ることを表す相が従来から設定されていたということは評価できる。本書では英語との異同を明らかにするために、単純相という用語を引き続き用いることにする。

　「継続相」の「シテイル」、「シテイタ」も従来から設定されている。ただし、工藤（1995）では「パーフェクト」なる相との間で「シタ」「シテイル」「シテイタ」が重複するなど、本書で言う継続相とは意味において異なっている。そこで本書では国立国語研究所の見解を表 1-18 として引用する。先の表 1-2 と対照されたい。

表 1-18　従来の日本語学での時制・相体系（国立国語研究所 1985:33）

	非過去形[6]	過去形
完成相	する	した
継続相	している	していた

　このような従来の日本語学の伝統と異なり、本書では、現在時制には完了相が備わっていると考える。現在にいる話者の主観の中で、曖昧だったものごとの決着がついて完了する。今まで知らなかったことに気づく。その時には、心的変化の瞬間を現在時制の完了相「した」が合図する。主観的な時間は必然的に現在に属するため、現在時制だけが完了相を備えている。これについては 1.2.3 で述べる。

1.2.1 日本語に独特の相対時制

　相対時制は日本語学で広く知られている現象であるが、統一的な説明がなされたとは言い難い。本書ではこれ以降、表1-2と表1-15を想定した上で、「バカゲタ話(*バカゲテイル話)」や「生キ生キシタ表情(?生キ生キシテイル表情)」(寺村 1984:197)など「形容詞的動詞」を除いた動詞形による連体修飾に限定して論じる。文頭の?は変則性を表す。

　次の4例で、主節の時制は客観的で直示的な時間を表しているが、従位節の時制は相対化されている。主節の動詞を二重下線で、従位節の動詞を一重下線で示す。

(39)　手を洗った後でご飯を食べなさい
(40)　家を出た／出る時、いやな予感がした
(41)　彼に会ったらよろしく言ってくれ
(42)　彼に会うなら伝言を頼みたい

(39)の文全体は未来のことを言っており、主節の時制は現在時制である。しかし、「手を洗う」のは「ご飯を食べる」に先立つため、「手を洗った」と過去時制になっている。(40)では、家を出た直後なら「家を出た時」と過去形で言い、「家を出る」と「いやな予感」が同時なら「家を出る時」と現在形にする。(39)と(40)を図式化するとこうなる。

―→ **発話時** ―→ ［従位節］手を洗った ―→ ［主節］ご飯を食べる ―→
　　　　　　　　　（主節と相対的な過去時制）（発話時を基準にした現在時制）

　　図 1-4　日本語の相対時制：(39)「手を洗った後でご飯を食べなさい」

―→［従位節］家を出た ―→［従位節］家を出る ＝ ［主節］予感がした ―→ **発話時** ―→
　　（主節と相対的な　　　（主節と相対的な　　（発話時を基準に
　　過去時制）　　　　　　現在時制）　　　　　した過去時制）

　　図 1-5　日本語の相対時制：(40)「家を出た／出る時、いやな予感がした」

(41)においても、「会う」が「よろしく言う」に先立つため、「会ったら」と過去時制になる。(42)では「会う」が「伝言を頼む」より後のことになるため、「会うなら」と現在時制で言う。このように、従位節の動詞の時制は発話時を基準とする絶対時間と無関係に、主節の動詞が表す時間との相対的な前後関係で決まる。

　これは英語における時制の一致とは異なる真正の相対時制である。英語の話者の視点は発話時から動かないが、日本語の話者の視点は主節の事態の時間に飛ぶ。そうやって近距離から、主節が表す事態と従位節が表すもう1つの事態との前後関係を見極めて、従位節の動詞の形態を決定する。その従位節の動詞が表すのは、現実の時間の流れから切り離された、局所的な2つの時間の前後関係である。この相対時制は文法規則であり、これに違反すると非文になる。

1.2.2　弱い過去時制

　相対時制は1文中の従位節の時制が相対化される現象であるが、文を超えた大きな文脈の中でも日本語の時制は不安定である。特に、過去の事態が現在時制で表現されることがよく起きる。この1.2.2ではそういった現象について「視点が過去に飛ぶ時」「現在が過去を取りこむ時」「過去を切り離す時」の3つの場合に分けて考える。これらは単なる傾向から文法規則まで拘束力はさまざまであるが、どれも日本語の過去時制が「弱い」文法範疇であることを示す現象である。

視点が過去に飛ぶ時

　日本語では、過去について述べる時には話者の視点が過去に飛ぶ。このため過去の事態の描写であることが文脈から分かっていれば、主観に任せて現在時制を使って構わない。過去の事態であることが否定されたわけではないため、文章では過去時制と現在時制が混在する結果になる。

(43)　異変が起きたのは二年前、午後の中途半端な時間帯に首都高の高架下

を走っていたときのことで<u>ある</u>。　　　　　　　　［堀江 2009:109］

　2年前のことが「である」という現在時制で語られている。文の前半で「異変が起きた」として過去の時間が導入されているため、ここで「二年前、……ときのことだった」と重複させる必要はない。
　(43)のように過去の事態を現在時制で述べることは日本語に広く見られる現象であり、1人の書き手の文体あるいは文章の癖といったことではない。別の作家から、もう少し長い文脈を抜き出して同様の傾向を観察すると、たとえば志賀直哉の「剃刀」ではこうなる。ダンロップによる英語訳を下に付記する。

　　……夜は内も外も全く静まり返った。剃刀の音だけが聞える。
　　苛々して怒りたかった気分は泣きたいような気分に変わって今は身も気も全く疲れて来た。眼の中は熱で溶けそうにうるんでいる。
　　咽から頬、頤、額などを剃った後、咽の柔らかい部分がどうしてもうまく行かぬ。こだわり尽くした彼はその部分を皮ごと削ぎ取りたいような気がした。肌理の荒い一つ一つの毛穴に油が溜まって居るような顔を見て居ると彼は真からそんな気がしたのである。若者はいつか眠入って了った。がくりと後ろへ首をもたせてたわいもなく口を開けて居る。不揃いな、よごれた歯が見える。
　　疲れ切った芳三郎は居ても起っても居られなかった。総ての関節に毒でも注されたような心持がしている。何もかも投げ出してそのまま其処へ転げたいような気分になった。もうよそう！　こう彼は何遍思ったか知れない。然し惰性的に依然こだわって居た。　　　　　　　［志賀 1910:73］
(... The night, inside and outside the house, was as still as the grave. There was only the scraping sound of the razor.
　His fretful, angry mood turned into a feeling of wanting to cry. His body and mind were utterly exhausted. He felt as if his eyes were melting from inside with fever.

When he had shaved from the throat to the cheeks, the jaw, and the temples, there was one soft part of the throat that just would not go right. After all the trouble he'd taken, he felt like slashing it off, skin and all. As he looked at that face, with its coarse-grained skin, the oil collecting in each of the pores, he felt that way from his heart. The young man had fallen asleep. His head dropped way back, his mouth gaped open. His irregular, yellow teeth were revealed.

The exhausted Yoshisaburo could neither stand nor sit. He felt as if poison had been poured into each and every one of his joints. He wanted to throw it all away, to drop down on the ground and roll around. Enough! he thought to himself any number of times. But by force of habit, he kept at it.）

［Dunlop（訳）:24］

　時制を見ると、文脈があって過去の事態であることは分かっている。その場合、書き手は文法よりも主観を優先して時制を選んで構わない。そこで「聞える」「うるんでいる」「うまく行かぬ」など、主人公の感覚や心情を表す部分を現在時制にした。それにより描写が主人公の肉声であるかのような趣を呈してくる。ちなみに日本語では「うるむ」とあることから、涙が熱を持っている様子が伝わるが、英訳では目玉自体が溶けていくことになってしまっている。

　一方、「静まり返った」「疲れてきた」「気がした」「眠入って了った」では書き手は過去時制を選んでいる。これらは状況の変化を表す表現である。また「芳三郎は居ても起っても居られなかった」は主語を補った客観的な描写であり、これも過去時制で表している。

　志賀の使い分けをまとめるとこうなる。

　　過去の時間を表す文脈において
　　① 主人公の感覚や主観は現在時制
　　② 書き手が客観的に主人公の様子を描く時は過去時制

③ 主観、客観ともに変化は過去時制

時制の用法に関して言えば、志賀の文章は日本語としてごく自然な印象を受ける。上の①〜③は個人の特徴というよりは日本語の特徴とみなして差し支えなさそうである。

一方、「剃刀」の英訳の方は過去時制で統一されている。視点がぶれない英語の話者としては当然のことであろう。しかも「泣きたいような気分」「削ぎ取りたいような」を wanting to cry、feel like slashing it off と直説法で訳し、「熱で溶けそう」「毒でも注されたような」を as if his eyes were melting、as if poison had been poured と仮定法にして訳し分けている。確かに、泣きたい、削ぎ取りたいは現実の気持だが、目が溶けたり毒を注されたりは単にことばの綾である。英訳はその違いを見極めて訳し分けた。この英訳との対照を通して、日本語では過去と現在の境界が曖昧なだけでなく、客観と主観の境界も定かでないことが見えてくる。

逆に英訳の方が曖昧なのが第2段落の When he had shaven ... と The young man had fallen asleep の過去完了形である。前者は過去の過去、後者は過去の完了を表す。英語には過去の過去を表す文法範疇がないため、過去の完了を流用していることは先の 1.1.4 で見た通りである。ちなみに日本語の原文では「剃った後」「寝入って了った」として、「後」と「了」が語彙的な手段で時間の関係を示唆している。

現在が過去を取りこむ時

人には歴史がある。ある人を主題にして特徴を述べる時には、過去の行為や経験に言及する。人以外についても同様である。その時に「ている」形がよく用いられる。たとえば「あの人は大学を2つ卒業している」「私の両親は揃って若死にしている」「この旅館は去年、代が替わっています」では、「あの人」「私の両親」「この旅館」が主題である。どの主題も、過去を背負った形で現在にいる。

(44) 「みかげさん、うちの母親にビビった？」
　　 「うん、だってあんまりきれいなんだもの。」
　　 「だって。整形してるんだもの。」　　　　　　　　［吉本:19］
　　 ("Mikage, were you a little bit intimidated by my mother?"
　　 "Yes. I've never seen a woman that beautiful."
　　 "Yes. But ... She's had plastic surgery.")　　　［Backus（訳）:12–3］

(45)　とはいえ少女は、逆の立場に身を置くつらい体験もしているのだった
　　　　　　　　　　　　　　　　　　　　　　　　　［堀江 2009:167］

(44)の原文では、整形したのは確かに過去のことであるが、その結果が現在のえり子さん（母親）を作っていることに焦点が当たっている。これが「目下整形中」という読みでないことは文脈から判断する。英訳では現在時制完了相が、できごと自体は過去に属し、その意味で完了していることを強調するが、日本語にはそのメリハリがない。日本語の継続相「ている」は「ドキドキしている」などと同じ「ている」であり、現在中心である。(45)も過去の経験を取りこんだ現在の状態を描写している。

過去を切り離す時―「記録用法」
　ここまでで、過去のできごとが現在時制で表されることについて、話者の視点が過去に飛ぶ場合と、現在が過去を取りこむ場合を見た。この他に第3の場合として、話者が過去を切り離す「記録用法」がある。
　日本語学の先行研究では、過去の客観的な事実や変化を記録によってのみ知り得た場合には、現在時制の継続相を使わなければならない、という強い制約が発見されている（工藤 1982; 工藤 1995; 井上 2001）。

(46)　甲：（注文のハガキを見せて）これ、乙さんの字ですよね。
　　　乙：本当だ。確かに先月注文してる（[?？]注文した）ねえ。　　［井上:112］

(46)について井上(2001)は、自分に記憶がない場合は「注文している」を使わなければならず、「注文した」と言えるのは、注文した時のことを思い出した後に限ると言う。

　本書の見るところでは、この制約は、記録しか存在しない場合に強制力をもつ。その場に本人がいて、本人に確かめることができる場合には過去時制で言っても構わない。しかし、記録用法を装って現在時制で言うことで婉曲の効果が出る。

(47)　「でも、香取さんは普段より遅く出勤してますよね」
　　　手帳を見ながら今井はさり気なく切り出した　　　［桐野:380］
　　　("But you got to work later than usual that night," he said, glancing at his notes.)　　　　　　　　　　　　　　　　　　　　［Snyder(訳):202］

これは香取雅子のアリバイを刑事の今井が本人に確認する場面である。今井は手元にある出勤簿を見て「出勤していますね」と言った。この場面では「出勤しましたね」と過去時制で相手に尋ねることもできるが、そうすると断定的で相手を追い詰める感じが出る。(47)のように過去を切り離すことで「自分の手元には記録しかない。貴女が遅く出勤した現場を見たわけではない」という含意が生じ、婉曲になると思われる。
　次の(48)では、フランソワーズ・サガンが自分とサルトルとのデートの場面を描写した文章を堀江(2009)が紹介している。

(48)　フランス文学界の最も奇妙なカップルを形成していた彼らのまえで、ギャルソンたちは怯えた鳥のように飛びまわっていた、と彼女は書いている　　　　　　　　　　　　　　　　　　　［堀江 2009:12］

この場合に「書いた」とすると、紹介者の視点が過去に飛び、執筆するサガンを間近に見ているような図柄が現出する。紹介文というよりは物語の中に入り込んでしまう。紹介文であるという姿勢を守り距離感を保つには、サガ

ンのいる過去を話者のいる現在から切り離す記録用法の「ている」がふさわしい。

　まとめると、日本語の過去時制は弱い文法範疇である。日本語では、大きな文脈によって過去の時間が導入され、話し手にも聞き手にもそのことが了解されている場合には、過去と現在の境界が曖昧になる。そのため、たとえば志賀の小説で見たように過去の状況を現在のこととして描写したり、(44) と (45) のように現在が過去を取りこんだりする。あるいは (46) から (48) のように過去を切り離して現在だけを見る。それでも過去の時間が話者の念頭から消え去るわけではなく、混乱が起きることも（あまり）ない。

1.2.3　過去の「した」と完了の「した」

　日本語の過去時制は、もうひとつ別の意味でも弱い概念である。つまり、過去時制の単純相「した」は、現在時制の完了相「した」と同形なのである。しかもこの完了相に対応する相が過去時制には存在しない（表 1-2 を参照されたい）。

　『不思議の国』のニセ海亀が、「以前は本物のウミガメでした」(Once, I was a real Turtle) と言う時の「でした」は過去時制単純相だが、日常の尋常な世界で子供が生まれたことを報告する時の「男の子でした (It's a boy!)」は現在時制である。ふと思い出した時の「今日は誕生日だった」、財布が出てきた時の「やれ良かった」、度忘れした時の「君の名前は何だったかね」なども、現在のことであるという直観を拭えない。赤ちゃんのよだれかけが汚れているのに気づいて「あ、ミルクもどしていた」と言う時の「していた」も「していることが分かった」という意味で「した」に含まれる。

　これらはどれも、話者に何らかの心的な変化が起きたことを表す表現であり、本書で現在時制の完了相と呼ぶ用法である。ちなみに「あ、ミルクもどしている」と言うのは先の「記録用法」にあたる現在時制継続相である。完了相の「あ、ミルクもどしていた」が「今まで気づかなかった」という責任感、自分のこととして受けとめる姿勢を含意するのに対して、記録用法にはその含意がない。

まとめると、「した」「していた」と言っても過去とは限らない。この意味で日本語の過去時制は弱い概念である。逆に現在時制は、相を3つも備えた強い概念である。現在とは話者がいる時間であり、現在の事態の時間的なあり方は精緻に差異化される。

日本の社会で「ウチ」と「ソト」が区別されることは一般的に認識されているが、日本語文法でも、話者のいるウチなる現在と、話者のいないソトなる過去が区別されている。話者は常にウチの時間の中にあって事態をつぶさに眺めることができるため、ウチの時間の中で起きる事態は豊かに差異化される。つまり現在時制の相が多い。言い換えれば、日本語では、話者が自分中心に世界を見ている。

相についての先行研究

ここで先行研究から寺村(1984)を参照して本書の見解と比べてみる。寺村によれば、次の文は通常の、叙実的用法の過去時制にあたる。原文中の英訳も合わせて引用する。

(49) 来テヨカッタ(I am glad I came.) ［寺村 :92］

(50) 待タセテスマナカッタ(I am sorry to have kept you waiting.) ［寺村 :92］

どちらの文でも、英語では過去のコトを表す部分と話し手の主観的な判断を表す部分とが分離しているが、日本語ではそれが融合しているのであって、「した」は通常の過去形と考えて差し支えない、というのが寺村の立場である。同様に、「それは良かったですね」、「ありがとうございました」などの「した」も過去時制であると言う(寺村 :89–92)。

一方、寺村によれば、「あ、あった」や「やっぱり遅かった」などは、事実としての現在と過去に対応しておらず、過去時制の「叙想的」用法である。この他に「君ビール飲んだね」、「よかった」などもこの類である。さらには「上に登ったものか、下に降りたものかと少時たたずんだ」、(野次馬に)

「帰った、帰った」、(すもうや素人将棋で)「待った！」なども、英語で言うところの仮定法と同様に過去形を用いたものであり、過去時制の叙想的用法に分類できる(寺村:105–12)。

こうして過去時制に叙実と叙想の2つの用法すなわち2種類の「した」が設定された。しかし寺村も次の例は現在時制だと認めざるをえない。

(51)　老人は近寄って来て、私の頭へ手をやり、「大きくなった」と云った
[寺村:119]

この他に「勝負はついたよ」、「もう解ったよ」などを、いずれも志賀直哉『暗夜行路』から引用して紹介し、これらはどれも「現在における既然」つまり現在時制に既然という相が重なったものと理解すべきであると言う(寺村:120)。つまりは「した」に現在時制の用法を認めたのである。こうして「した」は2種類の過去時制と1種類の現在時制の計3つに分類されることになった。しかし寺村の分類の基準は、明確とは言い難い。

人が何かを発見した時や決心した時、つまり何らかの心的変化を経験した時には、その人のウチなる時間の中で過去が創出される。それを表すのが完了相の「した」である。

本書では、上に登場した例のうち「上に登ったものか、下に降りたものかと……」、「帰った、帰った」、「待った！」については法が関わる可能性があるため結論を保留し、それ以外をどれも現在時制完了相の例とみなす。このうち「それは良かったですね」と「良かった、良かった」が現在時制完了相である一方で、「あれは良かったですね」は過去の心情を述べているため過去時制にあたると考える。また、「ありがとうございました」や「待たせて済まなかった」は、礼や詫びを言うことで現在までの経緯に対する気持を総括する意味があり、その瞬間に主観的な過去が創出されると考える。

上に登場した例をまとめるとこうなる。どれも現在時制完了相であり、過去から持ち越してきたことに対して心の区切りがついたことを表す。

表 1-19　現在時制完了相（例）

---
①これまで不明であったことの知識を得る
　　あ、あった
　　男の子でした
　　わかりました
　　勝負はついたよ
---
②過去とつながった現在の状況を総括的に判断する
　　（来て）よかった／（それは）良かったですね
　　（やっぱり）遅かった
　　大きくなった
　　困ったわ
　　（待たせて）済まなかった
　　ありがとうございました
---
③過去に属する事実や知識を想起する
　　あ、ミルクもどしていた
　　今日は誕生日だった
　　君の名前は何だったかね
　　君ビール飲んだね（飲むのだったね）

例文に見る現在時制完了相「した」

　日英対照の観点から、実例にあたって現在時制の「した」について考察してみよう。

(52)　I just found it!　　　　　　　　　　　　　　　［Baxter:173］
　　　（ありました！）　　　　　　　　　　　　　［田口（訳):215］

(53)　Understand, you'll not be allowed と hold this boy to a friendship that's offensive to your Bishop.　　　　　　　　　　［Grey:5］
　　　（わかったかね。あんたがこの坊やと親しくなり、監督(ビショップ)に弓を引くことは許さん）　　　　　　　　　　　　　　　［仙名（訳):9］

(52)の英語では、見つけた瞬間に注目しているため過去時制が選ばれ、見つけたという事実の存在を主張するため単純相が選ばれている。日本語の方は、過去のことを述べているというよりは、それまで探していたものをやっ

と見つけることで何かが心の中で完了したと言っている。これを表すのは現在時制の完了相「した」である。

　(53)の英語は命令法で、今後のことについて警告を述べている。日本語はこれを直説法の疑問文で訳している。今後のことについての理解に言及していることから、この「わかった」は現在時制とみなすのが当たっている。このように日本語の現在時制完了相が、英語の(52)の直説法過去時制と(53)の命令法のような異なる文法形式を横断して用いられている。2つの言語で現実の切り取り方が違っている。

(54)　「先生、私、死ぬほど腹がへったんですけど外出してなにか食べてきていいですか。」
　　　「桜井さん、なにも食べてなかったものねえ。」　　　　　　［吉本 :121］
　　　("*Sensei*," I said, "I'm dying of huger. Do you mind if I go out and get something to eat?"
　　　"Poor Mikage, you didn't eat a thing at dinner, did you?") ［Backus（訳）:87］

この文脈での「腹が減った」は「腹が減っている」ということである。ああ腹が減った、と本人が実感したことが伝わる。しかし、次の「なにも食べてなかったものねえ」は過去と現在で曖昧である。あの晩ご飯の時点で何も食べていなかったというなら過去時制の継続相であり、「桜井さん」が何も食べていないことを「先生」が今思い出した、と読めば現在時制の完了相である。

(55)　　子供が騒ぐわ。困ったわ。　　　　　　　　　　　　　　［桐野 : 上 103］
　　　　(It might be a problem if the kids make a fuss.)　　　　　［Snyder（訳）:55］

(55)で、話者は現に今、困っている。過去のことでもなければ、子供が騒いでいる仮定の世界の話でもない。完了相「した」が、困るという心的な状態の成立を伝えてくる。

ウチとソトの事態

　日本語では、話者の心の中で客観世界とは別の時間が流れている。このような時間の捉え方を図式化したのが図 1-6 である。この図は、先の表 1-2 の時制・相体系を「ウチ・ソト」関係の視点から描きなおしたものである。

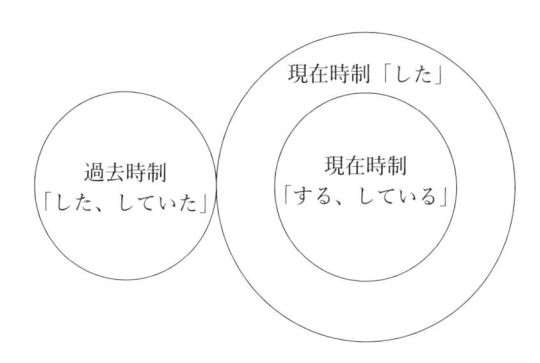

図 1-6　日本語の時制・相に見られる「ウチ・ソト」関係

図 1-6 で、右側の 2 つの円はウチの、左側の円はソトの事態を表す。ウチの事態とは話者のいる現在の時間の中で起きることであり、ウチの事態には話者の共感が寄せられる。共感とは、話者が当該の事態を自分のこととして捉え、本気を寄せることである。ソトの事態とは、話者のいない過去の時間の中で起きることである。

　先に見たように、話者がソトの(つまり過去の)事態に対して共感をもった時には話者の視点が過去に飛んで、過去が現在になる。あるいは過去を取りこんで「ている」という現在時制で表す。一方、ソトの事態にコミットしないことを表すには、記録用法の「ている」で自分がウチなる現在にいることを強調する。

　実際にはどんな事態も現実の客観的な時間の中で起きる。しかし日本語においては、話者の心の中を流れる主観的な時間が文法に組み込まれている。すなわち、話者が何かを認識したり思い出したりという心的な変化を経験したことを表す現在時制完了相が存在する。その時には話者の最大の共感がこの心的変化に向けられる。図 1-6 の右側の大きな円は共感の大きさを示して

いる。

瞬間構文

　日本語の文法は、現実の時間の流れよりも話者の視点を優先させる。このため真正の相対時制が観察され、あるいは過去の文脈で現在時制が主観的に導入される。そのように現実の時間の流れに無頓着な日本語で、主観的な時間の流れの中で起きる変化だけは重要視され、完了相として相体系に組み込まれている。さらに、その完了相を使った特殊な構文が日本語には存在する。本書で呼ぶところの「瞬間構文」である。

　次の(56)から(60)は、発見・決心など心的変化の瞬間を捉えた完了相の文であり、瞬間構文の例である。

(56)　**あった。**ついに見つけました。今そちらにもって行きます。
(57)　**来た！**　さあ、道をあけて通してやってください。
(58)　**買った。**あのう、済みません、これ下さい。
(59)　**決めた。**これにします。
(60)　**やめた。**もういいから帰ろう。

　このような言語事実自体は周知のことであり、国立国語研究所(1985)でも取り上げている。しかし、そこでは上のような事例は「決定の完成」を表す「完成相過去形」つまり過去時制単純相とされている(国立国語研究所:213)。また「これらは、どんな動詞でも、そうなれるわけではない。これになれる動詞のグループについては、まだわかっていない。」(国立国語研究所:214)という記述があるのみで、説明がなされていない。

　本書では、瞬間構文は非常に有標な構文であり、次のような用法上の制約があると考える。通常、英語と日本語のどちらの言語においても、有標構文は無標構文より形態が複雑であり、それが有標構文の意味の多さをアイコン的に表すとされるが、瞬間構文はこの上なく短く、その意味で特殊である。しかし文脈の制約が多い点では他の有標構文と同様である(有標性について

は第 2 章で述べる)。

　瞬間構文に関する制約
　1.　話者が自分に向けて発する文である
　2.　動詞 1 語で構成される文である
　3.　「た」体
　4.　主語と目的語が既知で、どちらも省略される
　5.　基本的な動詞を使う
　6.　現在の心的変化を表す

話者が自分に向けて発する文は短い。心の中の時間の流れを見つめる話者には、自分が何を探し、あるいは待ち、迷っているのかは分かっている。語る価値があるのは「変化」だけである。自分に向けたことばを丁寧な文体で包装する必要はなく、自分が体でなじみ熟知しているシンプルな語を、飾りのない「た」体で使う。心の中に生起したままの、距離感のない生のことばだ。そのことばを伝えるのは現在時制完了相である。
　この構文と似て非なるものが、先の寺村の「帰った、帰った」「待った！」の類である。荒川 (2009) によれば、「おーい、そこ危ないから、どいた、どいた！」などにおける「した」は法の現象である (荒川 :166)。その場合は過去時制単純相「した」から拡張した法の用法である可能性が大きくなる。

　以上この節では、日本語の時制と相が現在時制に重点を置いて体系化されていることを見た。英語と違って客観的な時間の流れは重視されず、真正の相対時制がある。過去時制が弱く、容易に現在時制にシフトする。その一方で、話者は自らの心理空間内の主観的な時間の流れには忠実であり、心の中で過去が現出した時のために現在時制の完了相が文法化されている。時間の扱いに関しては、日本語文法はかなり人工的であると言える。
　日本語の時制・相体系には「外と内の原則」と呼べる自然の理が組みこまれているが、それを「ウチ・ソト」の共感関係の形で組みこんだ点がまた独

特である。その日本語では、話者のいる「ウチの時間」が濃密に分節されて、図 1-6 が示すような非対称的な体系ができあがっている。主観を優先する「ものの見方」が体系の非対称性に表れている。

注

1 　直示性を見失わないためには、ここで言う「基準点」は発話の時点と解釈するべきである。
2 　デクラークの 8 時制とは、現在時制、過去時制、未来時制、現在完了、過去完了、未来完了、would soon find out など条件時制 (conditional tense)、would have left など条件完了 (conditional perfect) である。
3 　この用語は、従来の動名詞のうち前置詞なしで補語を取るものと現在分詞とを同一範疇とみなす立場を表している。例：He was expelled for killing the birds と They are entertaining the prime minister の killing と entertaining (Huddleston & Pullum 2002:83)。
4 　Cf. Reihenbach (1947): point of speech; point of the event; point of reference
5 　細江が「相」と呼ぶものは現代の「態」に相当する。
6 　英語学でも「非過去」という用語を見かけるが、Quirk et al. は「非過去 (non-past)」という呼び方に異議を唱えている (Quirk et al. 1985:176)。

第 2 章　主語と目的語の日英対照

　この章では主語と目的語、および基本的な構文に関して英語と日本語を比較する。英語にも日本語にも主語と目的語なる文法範疇が存在するが、それらの範疇が表す意味は同じではない。このため主語と目的語を用いた基本構文の意味も、その典型例も違ってくる。そういった違いに注目しながら、2.1 では英語について、2.2 では日本語について記述する。

表 2-1　英語と日本語の典型的な「主語・目的語」構文

英語：SVO 構文	日本語：「が・を」構文
例：Mary ate the apple.	例：花子が肩をすくめた

　「文法範疇の意味」あるいは「構文の意味」というのは近年の考えである。今も昔も言語学が「形式（form）」と「内容（content）」の対応を研究する学問分野であることに変わりはないが、伝統的に、形式とは語と文であり、語の内容は概念（concept）、文の内容は命題（proposition）であった。文法範疇や構文といったものは内容を首尾よく伝えるための工夫であり、それ自体が意味を表すとは考えられていなかった。しかし近年の認知言語学によって、「形式」の範囲が拡大し「内容」の範囲も広がった。この結果、主語や目的語という文中の機能も抽象的な形式であり、語の連結法である構文も形式だという考えが受容され、その意味が追求されている (Taylor 1989; Dowty 1991; Goldberg 1995)。

2.1　英語の「SVO ± 1」が因果関係を表す

　英語学研究においては、文は主語と述語で構成されるという考えが昔も今も一般的に受け入れられており、枕ことばのように文法書の冒頭を飾る。しかし実際の記述にあたっては、述語の部分をどのように見るかで意見が分かれ、近年では伝統的な 5 文型説の他に、7 文型 (Quirk et al. 1985; Greenbaum and Nelson 2002; Biber et al. 2002) あるいは 8 文型 (安藤 2005) が提唱されている。7 文型とは、SV、SVC、SVO、SVOO、SVOC の 5 文型に SVA と SVOA を追加する考えである。8 文型はさらに SVCA を追加する。

　A は通常、副詞的な機能をもつ前置詞句であり、文を意味的に完全にするために不可欠な文要素である。この意味で A は補語であるが、伝統的な補語との違いを意識して A と呼ばれる。本書でもこれを「副詞的補語」(adverbial complement) の意味で A と呼ぶ。

　本書では 7 文型を想定しており、代々の研究者が異口同音に論じているように SVO をもっとも基本的であると考える (Fillmore 1972; Dowty 1991)。ただし認知言語学に触発されて文型なる形式にも意味を求める姿勢をもつことから、これを「構文」と呼ぶ。また、統語論の知見に共鳴して、SV には 2 種類あると考える (Perlmutter 1978; Levin & Hovav 1995)。SVOO と SVOA については認知言語学の議論を援用する。その上で本書独自の提案として、SVC、SVA、受動態、軽動詞構文をも含めた構文群が、どれも因果関係を視野に入れた意味を表すものであり、全体で「SVO ± 1」の体系をなすことを論じる。

　英文法には因果関係という自然の理が組みこまれている。ただし本書で文法に関して語る因果関係とは、リンゴを食べるという行為が原因でリンゴが食べられた、ボールを投げるという行為が原因でボールが飛んだ、といった直接的な関係を言うのであって、たとえば人類が直立歩行を始めたから言語が発達した (?) 等々といったことがらを扱うのではない。結論を先取りする形で諸構文の意味を提示すると表 2-2 のようになる。

表 2-2 「SVO ± 1」の構文の意味

SVO 構文の意味	因果関係
受動態	因果関係の逆転
する型 SV 構文の意味	原因となる行為
軽動詞構文の意味	自らの行為を享受するという因果関係
なる型 SV 構文の意味	結果である状態や移動
SVC 構文の意味	結果である状態
SVA 構文の意味	結果としての移動
SVOO 構文の意味	物の授受という因果関係
SVOC 構文の意味	プロセスのある因果関係
SVOA 構文の意味	移動という因果関係

2.1.1 個体中心の SVO 構文

まず SVO 構文の条件と意味を考察する。そのために SVO の S（主語）と O（目的語）、中核的な動詞、軽動詞構文など自動詞を用いた SVO について述べる。

英語の主語

「英語の主語とは何か」については、研究者たちの意見は概ね一致している。主語は、次の 6 つの統語的な特徴によって定義できる（Comrie 1981; Foley and Van Valin 1984; 角田 1990; 宗宮・下地 2004）。

1. 人称代名詞で主格標示される
2. 本動詞に先行する
3. 動詞における一致を誘発する
4. 疑問文で助動詞と倒置される
5. 重文で同一指示による削除の対象となる
6. 主語・目的語繰上げ構文で優先的に繰り上がる

これらの特徴について次の例文に即して解説する。

Mary admires John.

She admires John.
Does Mary admire John?
Mary admires John and wrote a poem about him.
I believe that Mary admires John.
I believe Mary to admire John.

1は主語 Mary が同一指示の主格代名詞 she で置き換えられることを言う。つまり主語は自らを標示する格形態をもっている。2はその主語が通常、文頭の位置に生起することを言う。3は She admires/I admire John など主語の人称と数に合わせて動詞の形態が決まることを言う。4は命題の成否が不明の場合には主語が助動詞に文頭の位置を譲ることを言う。ただし疑問文以外にも倒置構文は存在する。また、助動詞 did を文頭に出すことにより、本動詞 admire の方は主語の後にとどまって SVO の形が保たれることに注目すべきである。5は Mary admires John and wrote a poem about him の wrote の前に Mary が省略されていることを言う。主語は複数の動詞を支配することができるのである。6はいわゆる「繰り上げ構文」において I believe that Mary admires John の従位節の主語 Mary を主節の目的語に繰り上げた I believe Mary to admire John が可能だと言う。Mary をさしおいて目的語 John が主節に先に繰り上がることは許されず、この原則に違反した *I believe John to Mary admire などは非文である。

これらの特徴は、主語だけがもつ特徴であり、また主語ならば必ず備えている特徴である。英語の主語は、顕著なふるまいをする強い文法概念であると言える。

語順は因果のアイコン

これで形式面から英語の主語を定義することができた。これらの定義からは、主語が他の要素に先立って文の中に存在し、優先的に文頭の位置を占めることが分かった。この主語を意味の面から見てみよう。

まず、主語は肯定文に起点を提供する。これを現実と対応させると、主語

が指示する対象はできごとの起点に相当する。起点とは行為の率先者であり、あるいは事態を招来する原因である。原因を文頭に置いたSVOの語順は現実の「因果関係」の順序に合致する。文頭の位置にあることが主格標示に代わる意味をもつのである。現代の英語は、インデックスである格接辞を失った代わりにアイコンとしての語順を獲得したと言える。

　起点を見失わなければ、1つの起点から複数のできごとが生起しても混乱することはない。1人の行為者が複数のできごとの原因になるように、1つの主語が複数の命題を束ねることができる。これは主語だけの仕事であり、目的語にはできない業である。文頭の主語位置は「扇のかなめ」に相当し、事態は左から右に展開する。

英語の目的語

　英語の目的語は次の3つの特徴によって定義される（角田 1990; 宗宮・下地 2004）。

1. 受動文の主語になれる
2. 再帰代名詞化を被る
3. 人称代名詞で対格標示される

これらの特徴について次の例文に即して解説する。
　　Brutus killed Caesar.
　　Caesar was killed by Brutus.
　　John blames himself.
　　Mary admires John.
　　She admires him.

　1は英語母語話者の間に、Brutus killed CaesarとCaesar was killed by Brutusなどは同一命題の異なる言表にすぎないという強い直観があることから、受動文の主語は能動文の目的語であると考えられていることを言う。

つまり能動文の目的語は受動文の主語になれる。2 は John blames himself などで主語と目的語が同一の対象を指示する時には、目的語の方が代名詞に形態を変えることを言う。3 は Mary admires John を She admires him と言い換えた時に、目的語 John は対格（目的格）の代名詞 him で置き換えられること、つまり目的語は主語と同様に自らを標示する格形態をもっていることを言う。

　これら 3 つの特徴は、目的語ならば必ず備えている特徴である。このうち 1 は目的語だけが示す特徴である。受動文の主語になるかどうかは文脈に関する話者の判断に委ねられるが、目的語以外の要素は原則として受動文の主語になれないことから、これは重要な特徴である。ただし例外的に原則に違反する場合もあり、これについては 2.1.2 で述べる。

　特徴 2 と 3 は目的語以外にも見られることから、目的語が英文法の中で主語ほど強い概念ではないことが見えてくる。たとえば I talked to Mary about herself で、herself は about という前置詞の補語 Mary が再帰代名詞化したものである。また I talked to Mary を I talked to her と言い換える時には、前置詞の補語が対格標示されている。

　以上で形式面から英語の目的語を特徴づけることができた。これを意味の観点から見ると、英語の目的語は、主語の行為の向かう相手、できごとの終点、何らかの変化を被るものを表すと言える。文中で右寄りに位置することからも、できごとに後から参与するものであり、主語に対して従属的な役割を担うものであることが窺える。

SVO における動作主と被動者
　SVO 構文が基本的に個体と個体の間の働きかけとその影響という因果関係を表すという見方は英語学で一般的に受け入れられており、典型的な主語は「動作主」、目的語は「被動者」の意味役割[1]を担うとされる。動作主と被動者は、英語における典型的な主語と目的語の意味の名称である。主語、目的語、その他の名詞句の意味は文によって変異するため、意味役割の方も「経験者」「刺激」「主題」「道具」「場所」などと変異する。意味役割は設定

の基準が明確でないが、直観的にわかりやすい概念ではある。

このように主語と目的語の意味に名称が与えられた時、意味は文法概念になった。では、文法概念としての意味役割はどのように定義され、英文法のどの部分でどのような働きをするのだろうか。この問に答えたのがダウティ(Dowty 1991)である。

項選択の原則—Proto-Agent と Proto-Patient

ダウティは、意味役割を動詞の意味からの伴立(entailment)として定義した。ダウティはモデル理論的意味論を想定しており、そこでは言語表現を生成する個々の統語規則に1対1で意味規則が対応する。意味規則とは高階内包論理を用いた論理翻訳であり、「動詞の意味からの伴立」は曖昧さを除去した形で明示される。

しかし、これは理論上の「たてまえ」であり、実際には、意味役割は動詞の意味から直観的に判断される。たとえば eat という動詞の意味からは eater(食べる役割)と what is eaten(食べられる役割)が伴立する。build からは builder と what is built が伴立する。しかし、これでは動詞の数だけの意味役割が存在することになって際限がない。そこで登場するのが Proto-Agent(P-動作主)と Proto-Patient(P-被動者)という、意味役割より一段と抽象的な概念である。ダウティより引用する(Dowty:572)。

P-動作主の特質
  a. 意思をもってできごとや状態に関与する
  b. 有情である
  c. できごとの原因あるいは他の参与者の状態変化の原因である
  d. 他の参与者より大きく(速く)移動する
  e. (動詞が表すできごとに先だって存在する)[2]

P-被動者の特質
  a. 状態変化を被る

b. 段階的変化の主題(incremental theme)である
c. 他の参与者が原因となって影響を被る
d. 他の参与者より移動が小さく、相対的に静的である
e. (できごとと独立には存在しない、あるいは全く存在しない)

　P-動作主とP-被動者を設定することにより、従来の諸々の意味役割はこの2つのプロトタイプと特徴を共有する度合いによって理解されることになり、特に名称を定めて区別する必要はなくなった。たとえば動詞 build の主語は P-動作主の特質をすべて備えており、目的語は P-被動者の特質をすべて備えている(Dowty:572)。build の主語は典型的な動作主、目的語は典型的な被動者[3]ということになる。

　この論文中で新たに提案された incremental theme は、mow the lawn における the lawn、build a house における a house など、行為の影響を徐々に、段階的に示す参与者である。これは第1章で見た達成動詞の目的語に他ならず、達成動詞の目的語が SVO 構文における典型的な O であることがダウティによって提案されたことになる。

　こうして意味の面から意味役割が定義できた。これを形式面から見たのが同論文中でダウティが提案する「項選択の原則(Argument Selection Principle)である(Dowty:576)。

　項選択の原則
　　主語と目的語を取る述語の場合、P-動作主の特質をより多く示す項が主語になり、P-被動者の特質をより多く示す項が目的語になる

　次の例はこの原則の働きを示している。

(1) a.　Water filled the tank.　　　　　　　　　　　[Dowty:573]
　　　　(水がタンクを満たした)
　　b.　*Water filled into the tank.　　　　　　　　[Dowty:573]

（2）a. The tank filled with water.　　　　　　　　　　［Dowty:573］
　　　（タンクが水でいっぱいになった）
　　b. *The tank filled water.　　　　　　　　　　　　［Dowty:573］

　(1a)では相対的に P-動作主らしい water が主語、P-被動者らしい the tank が目的語になっており、原則に適っている。この the tank を目的語に選ばず前置詞句に入れた(1b)は原則違反のため非文となる。(2a)では P-被動者らしい the tank が主語に選ばれたため、P-動作主に似た water は前置詞句内に生起するほかない。強引に water を目的語に選択した(2b)は非文である。なぜならば、項選択の原則により、目的語は主語よりも P-被動者の特質を多くもたなければならないからである (Dowty:594)。

　(1a)と(2a)については、動詞 fill が項構造を2つもつと考えられる。項構造は動詞の意味の一部である。同様に、英語学で長年の課題となっている「load-spray 文」についても、動詞 load と spray がそれぞれ2つの項構造をもつと考えるべきである。この load-spray 文も項選択の原則の例外ではなく、Mary loaded the hay onto the truck と Mary loaded the truck with (the) hay のそれぞれで、「干し草」と「トラック」はどちらも状態変化を被り P-被動者的である(Dowty:594)。重要なのは、項構造の交替を示す動詞もそうでない動詞も一様に、P-動作主と P-被動者による項選択の原則に従うということである。

　こうして、フィルモア(Fillmore 1968)で「格標示(case marker)」として導入されて以来、研究者たちに直観的に受け入れられて存続し現在では意味役割と呼ばれるようになった抽象的な「形式」は、項選択の原則の中でその存在が確認された。それと同時に、動作主と被動者が英文法の要であることが示された。

　動作主と被動者についてはテイラー(Taylor 1989)も同様の見解を示し、ダウティが P-動作主と P-被動者の特質として挙げたものに加えて、「被動者は動作主とはっきり区別される別個の存在である」、「被動者は動作主と敵対的な関係にあることが多い」と明言している(Taylor:207)。これらの研究の

成果は、英語が個体に注目する言語であり、しかも「動作主・被動者」中心の言語であることを物語っている。

受動態の条件

英語が個体中心の言語であること、しかも動作主と被動者のドラマをSVOの能動態によって表したい言語であることは受動態からも窺える。はじめに、本書では態を次のように定義する。

　　態とは、動詞形態が伝える、事態への主語の参与の仕方である

クレイマン(Klaiman1991:1)によれば、態の研究は紀元前500年頃のパーニニによるサンスクリット文法に遡る。この人類最古の文法書では、サンスクリット語における能動態と中間態が記述された(Klaiman:1)。その後、態の研究方法は対象言語によって変異し、態という文法範疇の機能と意味も言語によって異なるが、英語ではかなり単純に能動態と受動態のみが認められている。受動態が「有標」な構文であり、使用の条件が整った時にのみ許容されるという理解も一般に共有されている。英語の受動態は、構文と動詞形態の特殊性によって、本来的なSVO関係の破綻を伝える(Fillmore 1968:37; Klaiman 1991:6)。

有標性は、ハイマン(Hyman 1975)が詳述しているように、プラーグ学派音韻論で発見された概念である。音韻論の有標性は2項対立を前提とし、対立が中和する環境で無標の成員が生起すること、無標の音素は有標の音素より音韻素性の数が少ないこと等が発見された。その後、有標性の概念は語や文のレベルの研究に援用されている(Comrie 1988; Croft 1990)。コムリーから有標性の特徴を要約する(Comrie:19–20)。

1. 無標表現の方が有標表現より生起する頻度が高い
2. 有標表現は無標表現より形式が複雑である
3. 無標表現は生産性が高い(たとえば自動詞など、能動態があって受

動態がない動詞がある。逆に、受動態がある時には必ず対応する能動態の動詞形態が存在する）
4. 無標表現は文脈の制約が小さい（たとえば有標の受動態は下で述べるように制約が多い）

有標性は一般性の高い概念であり、能動・受動に限らず、単数・複数その他どんな文法範疇についても、無標と有標の成員の間には上と同じ傾向が観察される（Comrie:71）。

受動態を用いるための制約は次の①〜⑦にまとめることができる。このうち③〜⑦はイェスペルセン（Jespersen 1924, 1933）以来一般的に共有されている考えである。①と②は近年の成果である（Bolinger 1977; Dixon 1991; Berk 1999）。①と②は、当該の文に内在する意味的な特徴に言及するものであり、文脈に関わらず成り立っていることが望ましい。③〜⑦は言語的、物理的、あるいは社会的な文脈に言及する制約であり、このうち1つが成り立っている必要がある。

①主語が被動者である
②主語が指示の階層の上位にある
③主語がトピックである
④対応する能動態の主語が不明
⑤対応する能動態の主語が自明で言う必要がない
⑥対応する能動態の主語を隠したい、かばいたい
⑦学術論文で個人的でなく客観的な感じを出したい

まずは①についての例を見る（Bolinger 1977:10; Dixon 1991:354）。

（3）a.　George turned the corner.（ジョージが角を曲がった）
　　 b.　*The corner was turned by George.

（4）a.　The train approached me.（電車が私の方に来た）
　　　b.　*I was approached by the train.

　(3b)の the corner（あの角）は場所であり、ジョージが角を曲がっても角は何の影響も受けないため受動態の主語にはなれない。ただし、これが最終コーナーなど特別な角で、皆が今か今かと見守っている場合には受動態が可能になる。そういう特殊な文脈から場所が特徴をもらうことで、その場所が個体の趣を呈し、被動者のように思えてくるからである。
　(4a)の me は人ではなく「私のいる方、こちら」という場所を表している。このため the train に主語位置を譲っている。電車の方が動きがある分だけ活発で、能動的な動作主を連想させ、それゆえに主語らしい。単に場所あるいは方角にすぎない「私」は、(4b)の受動態の主語にもなれない。
　このような判断は、電車が通常はレールの上を走るものであり、誰かを目指して近づくことなど無理だから、という常識にもとづいて行われる。このため、train を car に置き換えた A car approached me では、車は運転者を表すメトニミーであり、「私」個人をつけねらって近づいたことが十分ありうるため、つけねらわれた「私」は、動揺したり怖がったりという重要な特性をもつ被動者として、受動態 I was approached by a car の主語になりうる。
　②の指示の階層（Referential Hierarchy）(Dixon: 355) とは、SVO の主語の位置には事態の成立にもっとも大きく関与した参与者がくるとした上で、主語らしさに階層性を認める考えである。階層性は、I を頂点として、you、次は Mary など人の固有名詞、さらに my friend や that old man など人を表す確定用法の普通名詞、その下に boys など人を表す不確定の普通名詞が続き、an ice cream など無生物を表す名詞が階層の最下位にくる。この順で能動態の主語らしいということである。行為の受け手の方が行為者よりも指示の階層の上位に位置する場合には受動態構文を用いることができる。

（5）a.　Mary was bitten by a mosquito.（メアリーが蚊に刺された）
　　　b.　A mosquito bit Mary.（蚊がメアリーを刺した）

（6） a.　This picture was painted by children.（この絵は子供たちが描いた）
　　　b.　Children painted this picture.（子供たちがこの絵を描いた）

(5a)の受動態は、(話者の知己であると思われる)人を指示するMaryを主語とし、不定冠詞で標示されるmosquitoを背景化していて自然である。(6a)ではpictureが無生物ではあってもthisで標示されており、トピック性が強い。一方childrenは、人を指示するとはいえ不特定の複数形である。話者はこのような階層の上下関係と文脈を判断して受動態を選んだと思われる。トピックについては下で改めて述べる。④〜⑦については省略する。

主語とトピック—情報構造からの「しばり」

　ここでは受動態の条件③の説明を兼ねてトピックについて解説する。英語の主語とトピックは一致することが多いが、決して同じではない。主語は文法概念であり、トピックは文脈を視野に入れた情報構造の原則に属する概念である。文に主語があるように、情報構造にはトピックがある。

　情報構造とは「既知のものについて未知のことを述べる」という、おそらくは人間の言語が普遍的に備えている情報伝達の基本形である。「トピック・コメント構造」とも言い、トピックを「旧情報」、コメントを「新情報」とも呼ぶ。情報構造においては、文全体が新情報という場合もあるが、原則として旧情報が文頭の位置を占めることと、新情報が文末に来ることが重要である。受動態も、話者が情報構造を考慮して主語選択をした結果であることが多い。

　話者は英文法と情報構造の両方に拘束される。文法は話者に対して、SVOを作れ、原因を主語にせよと要請する。しかし文章の流れを見ている話者は情報構造も尊重しなければならない。情報構造の原則は、トピックを一定に保て、トピックを文頭に、と迫る。話者はこれら2種類の規則の折り合いをつけながら文を作る。

　文頭の位置をめぐる主語とトピックのせめぎ合いについて、ダウティ(Dowty 1991)から例を要約して引用する(Dowty:565)。

たとえばトラックが暴走するのをある人が見かけたとする。前方には木が立っていた。その時は急いでいたので通り過ぎたが、あとで尋ねた。「あのトラックはどうなりましたか？」この問と答を見てみよう。

　　　What happened to the truck? — It hit the tree.
　　　　　　　　　　　　（木にぶつかった）

話者としては、トラックは衝突という事態を引き起こした原因であるため、SVO 文の主語にした。と同時に、トラックはトピックでもあるため、代名詞 it で標示して文頭に置いた。文法と情報構造が一致した。ここで *The tree was hit by it などと答えるのはナンセンスで、ほとんど非文に近い。文法の要請にも情報構造にも逆らっているからである。
　では、「あの（大事な）木はどうなりましたか？」と尋ねたらどうだろう。今度は 2 つの答が可能になる。

　　　What happened to the tree? — It was hit by the truck.
　　　　　　　　　　　　　（トラックにぶつけられた）
　　　　　　　　　　　　— The truck hit it.
　　　　　　　　　　　　（トラックがぶつかった）

2 つの答のうち受動文の方では、話者は情報構造を守ることを優先した。このため SVO 構文を作ることができず、被動者を主語とする受動態になった。一方、2 つめの能動文では、話者は SVO 構文を整えることを優先した。このため情報構造を守ることはできなかったが、それでも構わない。文末であれ it が、その木が旧情報であることを伝えているからだ。この 2 つの答はどちらも適正である。
　それにしても主語とトピックを見分けるのは容易でない。イェスペルセンも苛立ちを隠さない。

It is, indeed, unfortunate that the grammarian has to use the word "subject," which in ordinary language means, among other things, also 'topic'.　　　　　　　　　　　　　　　　　　[Jespersen 1924:146–7]
（文法家が「主語」なる語を使わざるをえないのは実に不運なことだ。「主語」は日常言語では「トピック」などを兼ねるからだ。）

因果をめぐる先行研究

　典型的な SVO 文が因果関係を表すという見方を最初に明言したのはマコーリー（McCawley 1968）である。生成意味論の旗頭だったマコーリーは、有名な kill の分析で、kill を cause to become not alive に語彙分解（lexical decomposition）した。

　John almost killed Bill（ジョンはもう少しでビルを殺すところだった）という文は、kill が cause + become + not alive という意味的に複雑な動詞であるため、幾通りにも曖昧である。この曖昧性は、語彙分解することにより取り除かれる。次の3文は「ジョンはもう少しでビルを死なせるところだった」という日本語に対応する。

（7）a.　John <u>almost</u> caused Bill to become not alive.
　　 b.　John caused Bill to <u>almost</u> become not alive.
　　 c.　John caused Bill to become <u>almost</u> not alive.

　この分析は賛否両論を巻き起こした。たとえば土曜に刺したら日曜に死んだという場合、John caused Bill to die on Sunday by stabbing him on Saturday とは言えるが kill では表すことができない（Fodor 1970:433）。魔法で岩に変えられた人も、not alive ではあっても killed とは呼びがたい。現代の認知言語学でも、「形式が違えば意味が違う」という見方を徹底させて、kill という1語であることの意味や、cause to become not alive の迂言性の意味にまで研究の対象が広がっている。この考えによれば、kill と cause to become not alive は当然、意味が違うことになる。

こうしてマコーリーの分析は当時もさんざんに批判され、今日でも支持されないという憂き目に会っている。しかし、killという動詞が原因と結果の両方を表すという見解は真実をついていた。生成意味論が衰退した今日でも、マコーリーが提案した cause to become は今や CAUSE と BECOME としてメタ言語の地位を与えられ、語彙概念意味論などで大いに活用されている。

　フィルモア (Fillmore 1972) も、kill と cause to die は完全なパラフレーズとは言えないが、しかし他動詞、特に移動動詞や状態変化動詞が動作とその結果としての状態との両方を表すと考えるのは正しい、と述べている (Fillmore:5)。

（8）a.　Peter instantly put the beer in the icebox.
　　　　（ピーターはビールをすぐに冷蔵庫に入れた）
　　　b.　Peter put the beer in the icebox for three hours. 　　　[Fillmore:5]
　　　　（ピーターはビールを3時間、冷蔵庫に入れた）
　　　c.　*Peter instantly put the beer in the icebox for three hours. 　[Fillmore:5]

例文 (8a) で instantly は冷蔵庫に入れるという動作を修飾し、(8b) の for three hours はその動作の結果として冷蔵庫に置かれていた時間を表す。このように、副詞句ができごとの原因を修飾することもあれば、結果を修飾することもある。時間を表す副詞句が原因と結果を同時に修飾することは許されず (8c) は非文になるが、ここで put の代わりに cause to be を用いて原因と結果を cause と be に分業させれば、

（9）　Peter instantly caused the beer to be in the icebox for three hours.
　　　（ピーターはすぐにビールを3時間、冷蔵庫に入れた）

という、耳慣れないとはいえ文法的な文ができ上がる。このことから、通常の SVO では動詞が原因と結果を時空的に融合していると分かる。

実のところ、kill を cause と die に分析し put を cause と be に分けるなど、できごとはどんどん細分化できる。cause 自体も「結果をもたらすような何らかの活動に従事する」といった複合的なできごとを表している (Fillmore:9)。しかし、それをやり始めるときがない上に、ものごとを細かく言うことで失われる意味もある。たとえば kill や put は主語の意思性をはっきりと伝えるが、対応する迂言表現 cause to ... はそれを伝えない。

　1 語の他動詞をパラフレーズして原因と結果を明示する試みが成功したかどうかはさておき、因果関係が英語的発想の基本であり SVO 構文が英文法の基本であることは多くの研究者が認めるところである (Taylor 1989; Dowty 1991; Croft 1993; Levin & Hovav 1995)。これらの先行研究に共通する見解は、主語と目的語が別々の個体であり、それぞれに自らが属する時間と空間をもっているということである。2 つの時空の 2 つの個体の間に因果関係が認められる時には、それぞれの時空から個体をつまみ出し、左から右への直線上に置いて理解しようとする。それが英語である。直線に意味をもたせる SVO 文の中で、2 つの時空は一体化し、2 つの個体は原因と結果として直結する。

SVO 文の動詞

　次に SVO 文で用いられる動詞を観察する。SVO らしさは動詞によって決まり、次の SVO 文のうち(10)から(12)は SVO らしく、以下は順に SVO らしさが低くなる。

(10)　Mary ate the apple.（メアリーがリンゴを食べた）
(11)　The typhoon destroyed the bridge.[4]（台風が橋を壊した）
(12)　The police towed the car away.（警察が車をレッカー移動した）
(13)　I watched the movie.（私は映画を観た）
(14)　I like John.（私はジョンが好きだ）
(15)　John resembles his father.（ジョンは父親に似ている）
(16)　The book costs $20.（その本は 20 ドルする）

（10）では主語の意思性が強く、目的語への影響が甚大である。（11）の主語は無生物であるが原因性が強く、目的語が大きく状態変化している。（12）は目的語が移動という変化を被っている。ダウティの項選択の原則からも（10）〜（12）は典型的な SVO 文であると言える。

（10）〜（12）の例の他には break、cook、eat、kill、shatter、wash など状態変化の動詞と、carry、move、send など移動の動詞が SVO 構文の中核的な動詞である。これらの動詞は、命令文、進行形、受動態などと形を変えて「生産的」に用いられ、さらには Cotton washes well や Sports cars sell fast など中間構文にも用いられる。これらは広い意味での変化の動詞である。

「動作主・変化動詞・被動者」が表す広い意味での変化とは、すなわち因果関係である。図 2-1 は、因果関係が英文法に組みこまれていることを示したものである。

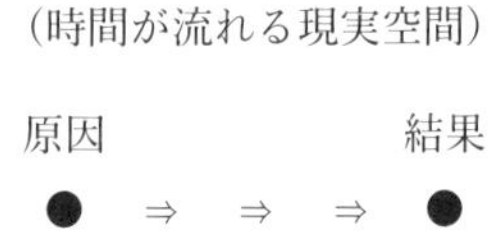

（時間が流れる現実空間）

原因　　　　　結果
●　⇒　⇒　⇒　●

図 2-1　SVO 構文が指示する因果関係

図 2-1 は、第 1 章で見た英語の達成動詞が含意する「始点・進行・完了（終点）」と同じものの見方を表している。言い換えれば、相と基本構文という 2 つの中核的な文法範疇に、事態の変化を時間の流れに沿って見据えようとする姿勢が組みこまれている。

先の例文に戻ると、周縁的な SVO である（13）では、主語は意思を働かせているものの目的語の方はなんらの影響をも被っていない。この文は命令文と進行形になるが受動態にはなりにくい。（14）では主語の原因性が極めて低い。歴史を遡ると、現在 like の主語とされるものは中英語では与格目的語であり、現在の目的語の方が当時の主語であった。現在でも、like の主語は感受性を働かせる経験者、目的語が刺激の意味役割を担うものと分析されている。この（14）には対応する命令文、進行形、受動文のいずれも存在しない。

(15)は外側から眺めた主語の状態を描写している。主語は眺められる側である。この文は、意味的には因果を全く表さず、文法的にも生産性が低い。ただし John is resembling his father every year（ジョンは年々、父親に似てくる）など、特殊な文脈では進行形が許容されることは第1章でも見た。(16)に至っては属性陳述の状態文である。しかし、実体が属性に先立って存在することをアイコン的に表す点で、この順序は理に適っている。ダウティの項選択の原則はかろうじて守られていると言える。

　SVO がこのように2者間の多様な関係を表せるのは、SVO が基本的で無標の構文であるからだ。2つの「もの」の関係は何であれ、この構文にはめ込むことができる。その動詞の意味が「因果」という構文の意味と相容れない場合には、構文の意味が取り消される。語の概念的意味の方が、構文が伝える感覚的な意味より強いからである。意味の上では、語彙は構文に優先する。

　しかし、SVO 文の大部分を占める中核的な事例は確かに因果関係を表し、生産的に機能している。英文法において SVO 構文が基本的な構文であり、その意味が現実空間の因果関係であることに変わりはない。

自動詞を使った SVO

　resemble や cost は、SVO 構文の動詞らしくないとは言っても他動詞である。しかし、時には自動詞が SVO 構文に用いられる。

(17) a.　He swam across Lake Powell.（彼はパウェル湖を泳いで渡った）
　　 b.　He swam Lake Powell.（彼はパウェル湖を泳ぎきった）

(17a)では湖を泳いで渡ったプロセスがイメージされるが、(17b)では泳ぎきったという達成感、征服感が伝わる。それというのも湖という大きな場所が、目的語になることで個体に変るからである。際限なく広がる場所と違って個体には境界があり、支配されやすい。

　動詞 jump についてはディクソンに、up onto、down from、around、over

のうち省略されうるのは over のみであり、しかも飛び越す障害物が大きい場合に限るという記述がある。つまり She jumped the six-foot fence と言えても *She jumped the snail/the ten-inch gap in the path とは言えない（Dixon:300）。

では次の例はどうしたものか。

(18)　*I Can Jump Puddles*　　　　　　　　　　　　　　　［Dixon:300］
　　　（水たまりを飛び越えて）

(18)はディクソンで言及されているアラン・マーシャル（Marshall 1989）の自叙伝のタイトルである。著者は小児まひを患い両足が不自由であったが、たゆまぬ努力によって、木登り、水泳、乗馬の技術を身につける。彼にとって「水たまり」は、人生の大きな挑戦のメタファーである。だから前置詞を省略した。

因果関係の表し方
　SVO 的な発想を小説からの例で確認する。

(19)　What I have seen of you has greatly pleased but even more puzzled me.
　　　　　　　　　　　　　　　　　　　　　　　　　　　［Stevenson:12］
　　　（君はじつに楽しい人だが、それ以上にわからない点があるんです）
　　　　　　　　　　　　　　　　　　　　　　　　　　　［南條(訳):15］
(20)　You inspire me with a natural confidence.　　［Stevenson:12］
　　　（こうしていると、何だか自然と信頼感が湧いてきます）［南條(訳):15］

(19)の英文は抽象物を主語とし、有情の人を目的語にしている。このパターンは小説と限らず SVO の典型的な用法の1つである。主語に意思はないものの、目的語が感情の変化を被っていて被動者らしいからである。(20)では you、me、さらに confidence の語順がそのまま、はじめに you が me に影響

を与え、me の中に confidence が生じたという因果関係の連鎖を、模写するかのように表している。

　因果関係は、もっと見えにくい形をとって表されることもある。次の(21)は「彼女」が無事に出産を終えた後の描写である。英文では、ダウティの項選択の原則に従って、hysterical で scream した原因が（出産の）苦しみであったことが in anguish として文末で暗示されている。日本語訳では原因の部分はすっかり消えてしまった。この例からは、因果関係に敏感な英語と、そうでない日本語の違いが見える。

(21)　She was a totally different person than the woman who had been hysterical and screaming in anguish.　　　　　[Steel:376]
（これがヒステリックにわめきたてていた先刻の彼女と同じ人間だなんて信じがたい気がする）　　　　　　　　　　[霜月(訳):418]

　次の(22)の前半に注目すると、英訳では under our feet が加筆されており、「落ち葉を踏んだので落ち葉が音をたてた」という因果関係が暗示される。

(22)　落ち葉を踏む二人の靴音と鋭い鳥の声の他には何もなかった
　　　　　　　　　　　　　　　　　　　　　　　　[村上 1985b:18]
　　　(Not a sound to be heard except for the crunch of the leaves under our feet and the piercing cries of the birds.)　　[Birnbaum(訳):7]

日本語の方の「落ち葉を踏む二人の靴音」では二人の靴の音を前面に出し、落ち葉の音は背景化した。一方、英訳は「靴」を削除し、「落ち葉の音」を前面に出した上で under our feet を加筆した。この under our feet が様態の描写のようでありながら原因を暗示するのは、先の in anguish と同じである。

(23)　見ているだけで目が痛くなるような名刺だった　　[村上 1985b:89]
　　　(It was enough to hurt your eyes just looking at it.)　　[Birnbaum(訳):52]

これは主人公の相棒が、「羊」と呼ばれる不思議な男の来訪を受けた場面である。プラスティックに似た特殊な紙でできた、ぴしりとした手の切れそうな名刺で、真っ白の中に4つの活字だけが小さく黒々と印刷されていた。これが「見ているだけで目が痛くなるような名刺」である。英訳では Just looking at it hurts your eyes という SVO で表現されている。日本語原文と同じ内容を、因果関係というパッケージに入れて伝えようとしている。

2.1.2　因果を分業する2種類のSV構文

　ここからは、英語の構文群が「SVO ± 1」の原則によって体系づけられていること、どの構文も因果関係を視野に入れていることを論じる。まずはSVOから要素を1つ差し引いたSV構文を取り上げる。

「SVO − 1」の構文

　SV構文に2種類あることは、近年の統語論における大発見であり、「非対格性の仮説[5] (Unaccusativity Hypothesis)」と呼ばれている (Perlmutter 1978; Rosen 1984)[6]。2種類のうち、1つはSVOの前半に相当するSVで、深層構造ではNP [${}_{VP}$ V] である。もう1つはSVOの後半に相当するSVであり、深層構造では＿ [${}_{VP}$ V NP] である。そこから統語的に2種類のSV構造が派生するというのである。しかし実際には、このような統語的な説明よりも、基本的に動作主がSVO文の主語であり、被動者（または主題）が目的語であることの方が2種類のSVを理解する上では有用である。つまり2種類のSVは、むしろ意味によって決まり、特徴づけられる (Douty 1991:606, 609 Levin & Hovav 1995:4)。

　図2-2は、英語の2種類のSV構文が意味の上でSVO構文に由来し、原因と結果を分業的に指示することを示したものである。まず、SVOの前半から成立するSV文がある。これを「する型SV構文」と呼ぼう。John spoke to the old man、Mary smiled broadly、They played together などがこの例である。これらは動作主を主語とし、非能格動詞 (unergative verb) と呼ばれる「する型」の自動詞をとる構文である。「する型」自動詞は、人の内側

```
        ┌─────────┬─────────┐
        │    S    │    V    │    O    │
        │         │         │         │
        └─────────┴─────────┴─────────┘
             │         │
             SV        SV
```

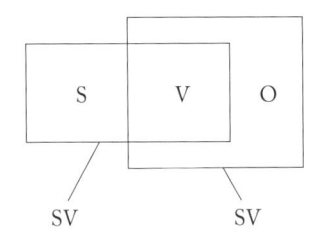

図 2-2　SVO に由来する 2 種類の SV 構文

から発する力によって成り立つ現象、つまり意図的行為と生理現象を表す。

　SVO の後半に相当する SV を「なる型 SV 構文」と呼ぼう。The window broke、The book fell from the shelf、Dust accumulated on the desk などがこの例である。これらは SVO の O として用いられるのがふさわしい被動者や、その他の無意思の対象を主語とする。

　この種の SV 構文は、非対格動詞(unaccusative verb)と呼ばれる「なる型」の自動詞をとる。「なる型」自動詞は本来、物に起きる変化や物の状態を表す自動詞であり、人間はこれを外側から眺める関係にある。

　表 2-3 は 2 種類の自動詞の例である。単に他動詞の目的語を省略した eat や help の類は自動詞とみなさず、表に加えていない。

表 2-3　2 種類の自動詞の下位類と例

【する型自動詞(非能格動詞)】
意図的行為：bark; cry; dance; dream; fight; jump; lecture; play; run; smile; swim ...
生理現象：belch; burp; cough; sleep; sneeze; vomit ...
【なる型自動詞(非対格動詞)】
目的語主語：break; burn; change; close; drop; dry; float; freeze; melt; open; sink ...
非意図的変化：bleed; blush; fall; shudder; tremble ...
存在と出現：appear; be; exist; happen; last; occur; remain; stand; survive ...
五感作用：click; glitter; shine; smell; click ...
相性：begin; continue; end; stop ...

　表 2-3 を見ると、2 種類の自動詞の線引きはやや人工的であることが分かる。たとえば belch（げっぷする）と sneeze（くしゃみをする）を「する型」と

する一方で、bleed（出血する）と tremble（身震いする）を「なる型」に分類することにどれほどの必然性があるだろう。どれにも意思性が欠如しており、どれも生理的な現象である。

しかし、内側からの力の発進に注目する英文法は、厳然とした区別を慣習化した。「する型」と「なる型」の違い、つまり SVO 構文の前半と後半の違いを母語話者たちは知っている。その証拠に、2種類の自動詞は表2-4が示すような異なった文法的ふるまいをする (Perlmutter and Postal 1984; Goldberg 1995; Levin and Hovav 1995; 宗宮 2009)。

表 2-4　2種類の自動詞の文法的ふるまい

①する型自動詞
1. 名詞化に際して前置詞 of または by を伴う
2. SV 文中の前置詞補語を主語にした擬似的な受動文に生起する
3. 擬似的な SVOC 文に用いられる
4. 擬似的な SVOA 文に用いられる
5. 軽動詞構文に用いられる

②なる型自動詞
1. 名詞化に際して前置詞 of を伴うが by を伴うことはできない
2. 「存在と出現の動詞」は there 構文に用いられる
3. SVC 構文に用いられる
4. SVA 構文に用いられる

この表からは、「する型」と違って「なる型」が、擬似的であれ目的語を取る能力のないことが歴然としている。以下では、表2-4に登場する順に「する型」から解説する。

動作主の by

まずは「する型」自動詞の特徴1から見る。

(24)　swimming by/of the people with heart trouble　（心臓の悪い人が泳ぐこと）
(25)　dreaming by/of children　（子供たちが夢を見ること）
(26)　smiling by/of actors　（俳優が頬笑むこと）

(24) から (26) は「する型」の自動詞を名詞化した例である。前置詞は動作主を示す by、または of のどちらも使用できる。

「目的語」を求める「する型」SV

特徴 2 として、「する型」SV は目的語を求める。ここから擬似的な受動文が生起する。

(27)　This hall has been lectured in by some famous people.
　　　（このホールは有名人が講義をしている）
(28)　This bed was jumped on by the children.
　　　（このベッドは子供たちが飛びまわって凹んでいる）
(29)　*The package was accumulated on by/with dust.

(27) や (28) のように、自動詞といえども有意思の行為を表す lecture、jump などは、被動者に似た名詞が近くにあれば、前置詞を乗り越えてでもそれを目的語として扱い、受動文を作ることができる。前置詞を無視して SVO を創り出そうというわけである。(29) の accumulate にはできない業である。

「被動者に似たもの」とは、大きな影響を被ったものである。有名人が講義したのでこのホールは由緒あるものになった、あるいは子供達にさんざん飛び回られてベッドが凹んでいる、というように。この「大きな影響」がホールやベッドに個性を与え、従ってホールやベッドが前置詞句中の「場所」から「個体」に格上げして扱われることが可能になる。このため擬似受動文では通常、どんな影響を被ったのか示すために、by 句を省略しない。ただし誰かにベッドを使われてしまった、シーツが乱れているなど、見て明らかな場面では by を省略して This bed has been slept in! も可能である。

特徴 3〜4 として、擬似目的語を求める「する型」自動詞は、SVOC 構文と SVOA 構文の中でその「願望」を叶える。次の (30) は SVOC、(31) は SVOA である。

(30)　He ate himself sick.　　　　　　　　　　　　　　［Goldberg:192］
　　　（彼は食べすぎて気分が悪くなった）
(31)　Frank sneezed the tissue off the table.　　　　　　［Goldberg:152］
　　　（フランクがくしゃみをしたのでティッシュがテーブルから吹き飛んだ）

*He ate himself は「大いに食べた」という意味では非文であるが、(30) のように sick など形容詞を伴うと SVOC と解釈されて容認可能になる。この時には、主語を指す再帰代名詞や、(Some) people talk their heads off ［Carver:153］(バカみたいに喋り続ける人間もいる) などにおける their heads など主語の身体部位をニセの目的語 (fake object) に立てなければならない。(31) の自動詞 sneeze は、当然ながら目的語を取ることができず、*He sneezed the tissue という SVO 文は非文になる。しかし off the table など場所の移動を表す副詞句が続けば SVOA になり、「くしゃみをしたのでティッシュが吹き飛んだ」という因果関係を表すことができる。それにしても eat、talk と言い sneeze と言い、このような荒業ができるのは内側からの力の発進を表す「する型」自動詞だけである。

　特徴5の軽動詞構文は、She walked in the garden と言う代わりに She took a walk in the garden と言い、Let me think about the solution の代わりに Let me have a think about the solution と言うような場合を言う。これは動作主を主語とする動詞のみに見られる現象であり、自動詞では「する型」に限られる。その際には、動詞の語幹を名詞のように扱って不定冠詞 a に後続させ、意味の「軽い」動詞 take、have、give などに時制を担わせるのが特徴である。構文全体として「ちょっと楽しみに、気の済むように、あるいは試しに、やってみる」という含意を伝える。この含意が軽動詞構文の意味である。軽動詞構文の主語は、行為を行う動作主であると同時に、自らの行為を享受し感受性を働かせる経験者でもあることになる。

　この現象はイェスペルセン (Jespersen 1942) でも注目され、have a bathe、have one's cry out、take a sneak、give a sigh、give someone the chuck 等の文

では「light verbs(軽動詞)」が人称と時制を担うという説明がされている。ここでは不定冠詞 a のみでなく one's や the も許容するなど、動詞派生の名詞形の用法として位置づけられている (Jespersen:117)。現代の研究者たちは、have a V construction[7](Wierzbicka1988)、GIVE/HAVE/TAKE A (VERB) construction (Dixon 1991)、light uses of verbs (Huddleston & Pullum 2002) 等の名称でこれを呼んでいる。本書では便宜上「軽動詞構文」という名称を用いる。

軽動詞構文の構文としてのステータスは曖昧である。まず第 1 に、普通の名詞目的語の文との境界がファジーである。第 2 に、提案される基準が研究者によって異なり、たとえばヴィアズビッカは、この構文には pleasant や graceful など本来の形容詞が付いてはならず、have a long walk は時間の長さではなく空間的に「長い」ことのみを表すと言う (Wierzbicka:295-97)。一方、ディクソンは、I had a long walk には I walked for a long distance と I walked for a long while が対応することを根拠に、軽動詞構文に空間の読みと時間の読みの両方を認める。ディクソンは対応する副詞表現のあることを基準にしており、She scratched her mosquito bites savagely/for a long time (彼女は蚊に刺されたところをバリバリと／長い間、掻いた) に対応する She gave her mosquito bites a savage/long scratch は軽動詞構文であるとする (Dixon:464-5)。このように両者の見解は軽動詞構文とは何かの定義に関わる重要な点で異なるが、この構文の特徴を①「ちょっとやってみる」という含意がある、②明確な時間や目的地がない、③主語自身が名詞の表す動作の主体である、とする点では一致している。

軽動詞構文は、うまく使えばニュアンスをかもし出す、捨てがたい存在である。特に、have a think、have a bathe など一見してそれとわかる例はインパクトが強い。周縁例では、当該の表現が軽動詞構文であるのか通常の名詞を用いた SVO であるのか見分けるのが難しく、意味効果が感じられないものも多いが、いずれにしても英文法が SVO を指向することを軽動詞構文が示唆していることは否めない。

同様の現象としてイェスペルセンが注目したものに同族目的語 (cognate

object) 構文がある。これも「する型」自動詞に多く見られる現象であり、dream a horrible dream、run a marathon、sing a ballad など例は多い。このため同族目的語構文を「する型」自動詞の特徴であるとする見方があるが (Levin and Hovav:40)、後述する there 構文に生起する live を用いた She lived a happy life、純然たる「なる型」の die を用いた He died a violent death などの反例があり、また他動詞も同族目的語を取る[8]ことから、表 2-4 には含めていない。しかし同族目的語は、英文法が SVO の形式を指向することを示唆する点では軽動詞構文に通じるものである。

被動者の of

次に「なる型」SV の特徴を見る。まず特徴 1 として、名詞化に際しては of を使う。

(32)　sinking of/*by the ship　　（船の沈没）
(33)　existence of/*by the demons　（悪魔の存在）
(34)　a glow of pride　　　　　　　　　　　　　　　　　［Malamud:194］
　　　（輝かしい誇りの気持）　　　　　　　　　　　　　［邦高(訳):167］

「主語」を求める「なる型」SV

特徴 2 として、存在と出現の自動詞に限っては there 構文が見られる。

(35)　Almost at once there came a knock on the door.　　［Malamud:199］
　　　（そのあと、すぐ、ドアにノックの音が聞こえた）　　［邦高(訳):175］
(36)　... and there, ahead, all he could see, as wide as all the world, great, high, and unbelievably white in the sun, was the square top of Kilimanjaro.
　　　　　　　　　　　　　　　　　　　　　　　　　　　　［Hemingway:56］
　　　（行く手には、見わたす限り、全世界のごとくひろがり、巨大で、そびえ立ち、日をうけて信じ難いほど白く、キリマンジャロの四角い頂きがあった）　　　　　　　　　　　　　　　　　　［谷口(訳):162］

ここでは there を主語に見立てた擬似的な SVO 構文が成立している。これにより「なる型」自動詞の主語が本来の位置である動詞の後に来る。

　存在と出現の自動詞は、場所や時間の副詞を文頭に立てた倒置構文でもよく用いられる。(37) は倒置の例であり、主語の a plate が動詞 lay の後に位置している。

(37)　On the floor at his feet lay a plate of stiffened macaroni. 　[Malamud:23]
　　　（足もとの床には、硬くなったマカロニの皿が置いてあった）
　　　　　　　　　　　　　　　　　　　　　　　　　　　　　[邦高(訳):38]

　ハインズ (Hinds 1986) も同じ主旨の直観を示している。There's a mouse in the kitchen は報告が完了して落ち着いた感じがするが、A mouse is in the kitchen ではこれから何か起きるような差し迫った感じが伝わるというのである (Hinds:32–3)。この感覚的な意味の違いは、擬似的とはいえ SVO 構文が完成しているか否かの違いである。

様態を補う

　特徴 3 〜 4 として、繋辞の be を始めとするいくつかの「なる型」自動詞は、SVC 構文と SVA 構文を必要とする。これらは SV 構文に補語を 1 つ足した「SVO − 1 ＋ 1」の形であり、意味の上では SVO の後半に相当する。次の (38) と (39) は SVC、(40) は SVA の例である。

(38)　Immediately the class grew silent. 　　　　　[Baxter 1990:7–8]
　　　（たちどころに全員がおしゃべりをやめた）　　　　　　[田口(訳):14]
(39)　I feel extremely ill. 　　　　　　　　　　　　　　[Christie 1985:92]
　　　（ひどく気分が悪いの）
(40)　If all the flowers on that wall turned into blue devils, it couldn't kill anyone! 　　　　　　　　　　　　　　　　　　　　　　　[Christie 1985:97]
　　　（壁の花が全部 LSD に変わっても人を殺すことなんてできないさ）

これらの例文において、動詞は具体的な意味内容に乏しく、文の意味を完全にするためにはCやAが不可欠である。このようにSVCとSVAを作ることは「なる型」自動詞の特徴である。一方で「する型」SVのHe swims nudeなどは、He swims, nude!と区切ることができるなど付加的な性質が強く、SVCではない。確かに、特に活動動詞に関して、He swam <u>to the shore</u>の前置詞句を省略した?He swamなどは、過去の1回の行為を表すには変則的だという直観が母語話者にある (Radden and Dirven[9]:186)。しかし非文というほどではなく、文脈が整っていれば容易に省略できることから、このto the shoreなども付加部とみなすべきであろう。

以上で見たように、「する型」と「なる型」のSV、つまりSVOの前半と後半は、はっきりと区別されている。たとえbreak（他）-break（自）、dry（他）-dry（自）などいわゆる自他交替 (causative-inchoative alternation) の動詞において他動詞と自動詞が同形であっても、英語話者の心の中で混乱は起きない。行為の率先者か、それとも行為の影響を被る側かという区別は、英語では絶対である。逆に、混乱が起きない限りルール違反をしても構わないとばかりに擬似的な構文が許容される。

2.1.3 「SVO + 1」の構文

1つの事態を描写するにあたって必要十分に「原因・行為・結果」を表すSVOは理想的である。そのSVOから要素を1つ差し引いたSVも、SVOの基本形を視野に入れた文法的ふるまいをすることは2.1.2で見た。この2.1.3では、SVOに「あと1つだけ」要素を追加したSVOO、SVOC、SVOAを解説する。英語の母語話者たちは、これらの「SVO + 1」の構文もまた、2つではなく1つの事態の描写であるという直観を共有している。

SVOO構文

「あと1つだけ」として、SVOのVとOの間に目的語をもう1つ、協力者として追加したのがSVOO構文である。二重目的語構文 (Ditransitive Construction) とも呼ばれるこの構文には、授与動詞give、hand、pass、 serve、feed、「投げる」系の throw、send、toss、伝達を意味する teach、show などが用いられる。SVOO 構文は、構文の意味として、動作主と受領者[10]（Recipient）の間で物の授受が成立することを表す（Goldberg 1995）。

(41)　Give me her number and save yourself the trouble.　　［Malamud:75］
　　　（僕に彼女の電話番号を教えてくれれば手間が省けるじゃないか）
(42) a.　John sent Chicago a letter.　　　　　　　　　　　　［Goldberg:55］
　　　　（ジョンはシカゴに手紙を送った）
　　 b.　John sent a letter to Chicago.　　　　　　　　　　　［Goldberg:55］
　　　　（ジョンはシカゴに手紙を送った）

　通常、SVOO における間接目的語は、主語と協力してできごとを成り立たせる協力者であり、意味役割は受領者である。協力者というからには人であり、これにより従来から英語の間接目的語は人に限るとされてきたことの理由が自ずと説明される。授受という因果関係は、動作主と受領者の連携プレーによって成立する。その受領者を表す間接目的語が主語の近くに置かれることで、両者の関係の緊密さがアイコン的に伝わる仕組みでもある。
　(42a) で SVOO の 1 つめの O つまり間接目的語の Chicago は協力者ということになる。シカゴは通常は場所を指すが、この位置では「シカゴにいる人」を含意する (Goldberg:55)。おそらくシカゴ支店の人々か、シカゴ在住の親戚といったところだろう。一方、(42a) を SVO 文に書き換えた (42b) では、できごとはシカゴを待たずに成立する。この時には、シカゴという場所は行為の向かう先、目標 (Goal) にすぎない。
　(42b) で、できごとがシカゴを待たずに成立するとは「通常は成立する」ということであり、特に事故などがなければ相手に届いたことを含意する。一方、SVOO 文の (42a) は、授受の成立を伴立する。つまり手紙は絶対に届いている。従って John sent a letter to Chicago, but somehow it never went through とは言えても *John sent Chicago a letter, but it never went through とは言えないのである。

創造動詞と獲得動詞

　SVOO 構文には bake、build、cook、knit、make など創造動詞 (verbs of creation) と、buy、earn、get、win など獲得動詞 (verbs of obtaining) と呼ばれる一群の動詞も用いられる。これらの動詞の場合には、SVO でも SVOO でも授受の成立は保証されない。

　創造動詞と獲得動詞の SVOO 文を SVO＋前置詞句に置き換えると、次の (43b) が例示するように前置詞 for が登場する。

(43) a.　Sally baked her sister a cake.　　　　　　　　[Goldberg:141]
　　　　（サリーは妹のためにケーキを焼いた）
　　 b.　Sally baked a cake for her sister.　　　　　　[Goldberg:141]
　　　　（サリーは妹のために／妹に代わってケーキを焼いた）

(43b) では前置詞 for が「～のために」と「～に代わって」で曖昧であるのに対して、SVOO 構文の (43a) は「～のために」つまり「～にあげようと意図して」という解釈のみを許容する (Goldberg:141)。このことからも、SVOO 構文が物の授受を表す構文として英文法の中に存在することは明らかである。

SVOO で使えない動詞

　物や情報の移動を意味するにもかかわらず SVOO 構文で使えない動詞がある (Pinker 1989; Leek 1996; Berk 1999; Swan 2005)。表 2-5 では①～④として仮に分類する。

表 2-5　SVOO で使えない動詞

① carry; deliver; drive; haul; lift; lower; pull; push[11]
② contribute; distribute; donate
③ describe; explain; report; say; suggest; whisper
④ present; return; surrender

ピンカー(Pinker 1989)は、SVOO の形式が古英語で多く見られたことから、中英語の時代にフランス語から借用された動詞はフランス語的な SVO + to の形式を取り、従前から英語に存在した動詞は SVOO を取ると説明する。とはいえ母語話者の子供は語源の知識を欠くことから、何らかの共時的な特質が関与しているであろうとも言う(Pinker:45-6)。しかし、確かに表 2-5 の動詞のうち drive、pull、whisper、say 以外はどれも中英語以降の語であるが、この4語を説明できないことに加えて、逆に flip、pass、toss をはじめ代表的な「新しい」動詞が SVOO で許容されることの説明がつかなくなる。

「何らかの共時的な特質」が何であるのかは謎である。物の授受においては、主語が物を手放すか、物が(地面を移動するのでなく)宙を飛ぶ必要があるのかもしれない(①)。授受が団体などでなく個体間で起きる必要があるのかもしれない(②)。しかし、いずれも推測の域を出ず、③については tell や teach との違いが不明である。④も謎である。

SVOC 構文

SVOC 構文は、動詞が目的語の状態を十分に表さない場合に、SVO に形容詞を1つ加えて因果関係を完成させる「SVO + 1」の工夫である。次の (44)と(45)の6文中、b が SVOC 構文の例であり、下線部が C に相当する。

(44) a. ?Tom hammered the metal.
　　 b. Tom hammered the metal <u>flat</u>.　　……SVOC
　　　　(トムは金属を金槌でたたいてぺちゃんこにした)
　　 c. Tom flattened the metal (by hammering.)
　　　　(トムは金属を(金槌でたたいて)ぺちゃんこにした)

(45) a. Sally made the tiger.　(サリーが虎を作った)
　　 b. Sally made the tiger <u>furious</u>.　(サリーが虎を怒らせた)　……SVOC
　　 c. Sally infuriated the tiger.　(サリーが虎を怒らせた)

(44a)については、hammer the metal など活動を表す文は何らかの状況説明を付加しないと変則的だという直観が母語話者から表明されている。ただし文脈から状況が判断できれば問題ない。(44b)では因果関係が完結しており、自然な文である。

　(45a)は、折り紙で虎を作ったと言っているのかもしれない。これは虎の外形をとらえた文である。これが本物の虎であり、サリーが何らかの原因で虎を怒らせたなら、(45b)のように結果状態を補充する。こちらは虎の内面に言及する文である。

　(44b)と(45b)に比べて、(44c)と(45c)のSVO構文は本来的に結果に焦点を当てる表現である。SVO文では原因と結果が直結する。一方、(44b)と(45b)のSVOC文では原因と結果の間に言語的な距離が生じ、それが現実の時間の流れを連想させる。時間の中で状態変化が徐々に起きるイメージがある。

　(44b)は結果構文(Resultative Construction)とも呼ばれ、主語の行為の結果として目的語の状態が実現したことを表す。この状態は、行為の終盤に、行為に依存して成立する。(45b)は使役構文(Causative Construction)とも呼ばれ、行為の内容が明らかにされていないが、サリーの行為の結果としてトラが怒りだしたことに違いはない。この「主節が表す行為の時間の中」という特徴はSVOC構文の条件であり、結果構文と限らず、すべてのSVOC文に見られる特徴である。言い換えれば、SVOC構文はプロセスを組みこんだSVO構文である。

(46)　The children found the lion appealing.
　　　(子供たちはライオンをすごいと思った)

(46)で、単にライオンの姿つまり外形を見たのなら The children found the lion と SVO で済むが、ライオンをすごいと思った場合には、ライオンを構成する要素を1つ追加する。統語的な複合に連動して、意味的にも複雑な内容が表現されるわけである。この appealing は主語の主観の中でのみ存在す

る性質であり、find という動詞の時間の中でのみ、つまり主語が感受性を働かせている間だけ存在する。

　SVOC の C にはこのような制約があることから、客観的で恒常的な特質を表す形容詞を SVOC 構文に用いることは許されず、*I found Yolanda Mexican（ヨランダがメキシコ人だと分かった）などは非文である。国籍は、「私」がそれを知っているか否かにかかわらず定まっていることがらであり、その意味で独自の時間をもっているからである。そのような場合は that 節で仕切り直して I found that Yolanda was Mexican と言う（cf. Dixon:244[12]）。動詞 find に限っては、テストしたり調査したりして結果を得た場合には to 不定詞を導入して The doctors found her to be perfectly fit（医師団は彼女が完全に健康体であると知った）等と言う（Swan:600）。

　同時性が成り立っているために付加語が C の趣を呈しているのが次の例である。

(47)　She threw most of the envelopes unopened into the wastebasket.
〔Baxter 1985:6〕
　　　（彼女はその［＝封筒の］ほとんどを封も切らずにくずかごに捨てた
〔亀井（訳):22〕

(47) は SVO と SVOA の組み合わせで、unopened の部分が様態述語[13]（Depictive）と呼ばれる付加語である。この様態述語構文の典型例として We sold the furniture new（家具を新品のまま売った）、She cut the bread hot（パンを熱いうちに切った）などがある。「新しい」「熱い」は一時的な状態で、本は自然に古くなり、パンは徐々にさめる。この構文では恒常的な性質を表す形容詞を用いた *We sold the furniture heavy などが非文とされる。家具が重いのは、売るという行為とは独立した恒常的な事実であるためだ。このことから (47) の前半 She threw most of the envelopes unopened の類を SVOC に分類する向きがあるが、実際には、様態述語は付帯状況を表す付加語であり、この部分は SVO である。ここに into the wastebasket が続くことにより、

手紙を単に「投げた」のではなく、くずかごに「投げ入れた」ことを表すSVOAが完成する。

SVOA 構文

　SVO に前置詞句や副詞を足した SVOA 構文は、目的語の指示対象の移動を表す工夫である。次の例文中、下線を引いた部分が A に相当し、これが移動先を表している。使役移動構文（Caused-Motion Construction）とも呼ばれるこの構文は、全体で 1 つのできごとを表すという母語話者の直観に支えられて存在する。

(48)　He puts his hands <u>down in the snow</u>.　　　　［Baxter 1985:20］
　　　（［雪の中にもう一度］両手を押しつける）　　　　［亀井（訳）:38］
(49)　We can't walk you <u>to your car</u> every morning.　［Baxter 1985:7］
　　　（毎朝車まで送っていくってわけにもいかんのでな）　［亀井（訳）:23］
(50)　Leo could not sleep her <u>out of his mind</u>.　　　［Malamud:212］
　　　（レオは眠りによって彼女を心から消し去ることはできなかった）
　　　　　　　　　　　　　　　　　　　　　　　　　　　［邦高（訳）:195］

　(48)で、A を欠く *He puts his hands は非文である。(49)ではストーカーに怯える主人公を隣人がエスコートする。A を欠く *We can't walk you の可否については母語話者たちの直観に揺れが見られるが、A を足した(49)が文法的だという点では見解が一致している。(50)は、ひと目惚れした彼女のことを翌朝になっても忘れられなかったと言っている。

　SVOA には、強い影響や状態変化を含意する strike、assault、spank、bludgeon などの動詞を用いることはできない（Goldberg:170）。これらはハードコアの SVO 動詞であり、追加の要素を待たず因果関係を完結させてしまう。一方、単なる移動を表す put、shove、toss、あるいは接触の動詞 kick、hit などは SVOA 構文との相性が良い。また、「する型」の自動詞も SVOA に使えることは、上の(49)の walk と(50)の sleep が示す通りである。

移動は状態変化と並んで英文法がぜひとも表したいことがらである。SVOA は SVO に移動先を表す要素を「+1」で追加した構文であり、これにより移動という因果関係を完成させることができる。たとえば Mary helped Bill はそれなりの因果関係を表現しているが、何をどのように助けたかについては曖昧である。ここに A を足して Mary helped Bill <u>into the car</u> とすれば、目的語の移動を明示することができる。

SVOA 文の Mary helped Bill <u>into the car</u> は Mary helped Bill and Bill got into the car や、Mary helped Bill to get into the car と同じではない。SVOA 文の方は、ビルが自らの意思で車に乗ったのではなく、あくまでもメアリーの働きかけの結果として移動したことを構文の意味として表すからである。SVOA 構文においては、目的語の意思は介入しない(Goldberg:167)。

目的語の意思が介入しないことは SVOA 構文の条件である。物理的な力を行使する push、kick、shove が SVOA でよく用いられるのはこのためであり、convince や persuade など目的語の意思が必要になる動詞が SVOA で用いられないのも同じ理由による。また一方では、frighten、coax、lure など、情に働きかけることを表す動詞が SVOA でよく用いられる。これらの動詞の場合、目的語は意思でなく情に動かされて移動するのであり、その意味で目的語の意思は問題にならないからである。

SVOA では、S の行為が事態の全体を支配する。この点で SVOA は SVO に準じる。また、SVOA は、SVO に「あと1つだけ」要素を追加することで、SVO とは似て非なる因果関係を表す工夫である。その点で SVOO、SVOC と同じ動機にもとづいている。

以上この節では、英語の基本的な構文群が SVO を中心に体系化され、直接または間接的に因果関係を指示していることを見た。これをまとめたのが図 2-3 である。この図は、「する」型 SV が、あたかも SVO であるかのようにふるまう傾向があること、「なる」型 SV の方は因果関係の後半にふさわしく、状態や存在に焦点を当てることを示している。

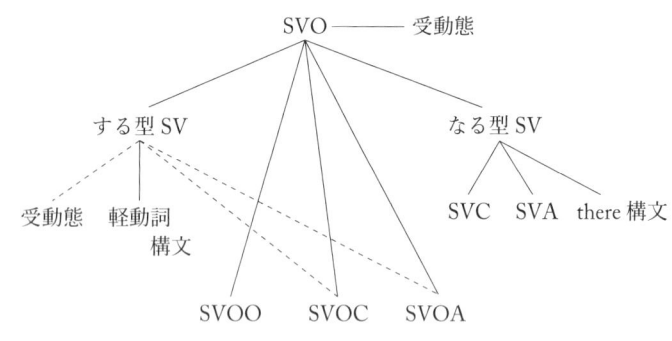

```
                    SVO ───── 受動態
                   ╱ │ │ ╲
              する型SV  なる型SV
             ╱         ╱ │ ╲
     受動態 軽動詞      SVC SVA there構文
            構文
          SVOO  SVOC  SVOA
```

図 2-3　「SVO ± 1」による構文の体系（破線は擬似構文を表す）

2.2　日本語の格助詞が「ウチ・ソト」の共感関係を表す

　この節では日本語の主語と目的語、および基本的な構文について考察する。その上で、主語省略と格助詞が、主語と目的語を標示するという文法機能に上乗せして、話者の共感の有無を合図するという文法機能をもつことを提案する。

　主語と目的語については従来から、日本語には英語のような主語は存在しないということが指摘されている（三上 1972）。

　　「主述関係は西洋文法の事実だから、西洋文法では大いにウンヌンしてもいいだろう。しかし、それを日本文法へも持込まなければならないもの、と思ってはいけない。持込んでも持込まなくてもどっちでもよい、と思ってもいけない。持ちこんではならない──と堅く決心しなければならない。」
　　　　　　　　　　　　　　　　　　　　　　　　　　　　　[三上:41–2]

　　「西洋語と多少違って、日本語の格はもっぱら構文論的な概念である。「Xガ」「Xヲ」「Xニ」などはすべて補足語、つまり文の成分の名前である。……私がこの本でしきりに使っている主格、対格、位置格はすべてそういう意味のものである[14]。」
　　　　　　　　　　　　　　　　　　　　　　　　　　　　　[三上:83]

異なる言語を表面的に比較してはならないという三上の主旨はまさに本書の主張でもある。しかし 2.2.1 で考察するように、日本語の主語と目的語を設定することは可能である。それにより格助詞についての理解を深めることもできる。

　「主語」と同じように「構文」もまた近年の英語学に由来する用語であり、前節で見たように従来の「文型」を再解釈したものである。英語学における文とは、構文中の定位置にそれぞれ適切な語を当てはめたものであるため、構文の考えは、文を主語と述語によって定義する英語学の伝統と矛盾なく共存し実践されている。

　一方、日本語学では伝統的に、文における話者の主体的関与が重んじられた。文を客観的に形式化することよりも、表現の中にどのように主体性が表れるかに関心が寄せられたのである。そのために文法的要素が注目され、江戸時代の本居宣長 (1730–1801) をはじめとして、門下生の鈴木朖らによって活発にテニオハの研究が行われた。近年では時枝 (1941b) が、「文」とは「(形式的な構文ではなく) 素材に対する主体の把握の仕方」であり「客体に対する主体の意味作用そのもの」であると述べている (時枝 :110–1)。

　本書もまた、「が」「を」「に」は話者の主体性を合図すると考える。しかし、そのことと構文の考えは矛盾するものではない。本書では、「が格」主語と「を格」目的語を備えた文が日本語の文の典型であるという意味で、これを「『が・を』構文」と呼ぶことにする。

　客観主義を排斥しながらも時枝は、日本語の文の第 1 の成立条件は詞と辞[15]の結合であるとして文を定義している。詞とは名詞、動詞などいわゆる内容語と呼ばれる語彙的要素であり、「文の客体的なもの」である。辞は助詞、助動詞など文法の要素である。話者は文法的要素を通して主体性を発揮し、それにより文が完成する。たとえば辞書に記載された「火事」は語であり客体であるが、言語主体が何らかの判断を伴って「火事！」「火事？」と表現した場合には文である。「暖かい」は語であり客体であるが、心を込めて「暖かい」と言えば文である (時枝 1941b:47–52)。

　時枝には、文の定義の違いこそが英語と日本語の本質的な違いを反映する

かもしれないという発想は見られない。しかし江戸時代以来の、文法的要素が話者の主体性を表すという洞察を継承した点で評価できる。本書でも、日本語の「文」は話者の主観と直結していると考える。より具体的に言えば、格助詞が話者の共感の有無を伝えると考える。

格助詞「が」「を」「に」は、話者の共感の有無を表すための工夫である。「共感」（empathy）は、久野と鎌木（Kuno & Kaburaki 1977）以来、言語学の術語として定着している。本書では、話者が文要素の1つに自らを重ね合わせ、その文要素の視点から事態を叙述する態度を「共感」と呼ぶ。通常、その文要素は「が格」主語である。日本語文法には、「が」「を」「に」という3つの格助詞に主語省略も加えた共感の体系が組みこまれている。これを表したのが表 2-6 である。

表 2-6　格助詞が表す共感の有無と大小、主語らしさと目的語らしさ

	共感の有無と大小	主語らしさと目的語らしさ
主語省略	あり。最大	一群の用言の主語
「が格」名詞	あり。大	標準的な主語。一群の用言の目的語
「を格」名詞	あり。やや大	標準的な目的語
「に格」名詞	なし	第2義的な主語。第2義的な目的語

共感は、「ウチ」と「ソト」を区別して事態を判断するという心的態度に由来し、日本文化に浸透している行動様式と相関する。話者は「ウチ」に属する物や事には共感を抱き、本気をこめて語る。「ソト」のことには距離感を抱き、他人事として語る。

「わが国」vs.「緑の草原」

「ウチ・ソト」と格助詞の関係については、大野（1978）に注目すべき記述がある。大野によれば、古代、「が」と「の」はどちらも体言と体言の間に入れて用いられ、ウチとソトという実生活上の意識を反映して使い分けられていた。

その当時から、「が」は「わが君」、「妹が名」、「母が手」など、自分自身

は言うまでもなく、結婚の相手、恋人、親子との連語で用いられることが多く、あるいは召使、身の回りの動物、からかいの対象である他者との連語でも使うことがあった。一方「の」は、「橋の下」、「春の霞」、「神の命」など広く人間以外の事象や畏怖の対象である偉い人との連語で用いられていた。その後、室町時代から江戸時代にかけて、「が」は尊卑の意識なく主語であることを示す助詞として使われるようになった（大野 :147–71）。

　大野の記述は、古代において日本語と日本文化でウチとソトという意識が鮮明であったことを物語ると同時に、「が」が身内を表していたことを示唆している。その「が」は、主語を標示するようになった現代においても身内を指示する力を失っていないようだ。

　図 2-4 は、「ウチ・ソト」の見方を盛りこんで先の表 2-6 を図式化したものである。

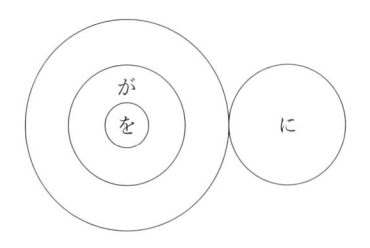

図 2-4 「ウチ・ソト」にもとづく共感の体系

図 2-4 が図示しているのは、日本語の話者が事態を眺める際のテンプレートであり「ものの見方」である。左側の 3 つの円は「ウチ」なる身内、右側の円は「ソト」の「隣接する他者」を表す。「ウチ」は話者の視点が置かれる側であり、省略された主語、「が格」名詞、「を格」名詞の指示対象で構成される。省略された主語と「が格」名詞の指示対象つまり自分は、単体ではなく、「を格」名詞で表される身体部位、家族、所有物、意のままになる小さなもの、などを含む複合体である。

　身内側の 3 つの円の大小は話者の共感の大小に対応する。これら 3 つの同心円は全体と部分の包摂関係にあり、身内どうしが運命共同体のようなも

のであることを示している。一方、他者を表す円は外側にあり、話者が他者に対して距離感を抱いていることを表している。この円の大きさに意味はなく、共感はゼロである。他者は心理的に「自分」と同じくらい大きい存在であるか自分より大きな存在であることが多く、ある程度の緊張をもたらす要因である。ちなみに実際には他者には他者の身内があるのだが、それは「自分」の関与しないことがらであるため、図2-4に反映していない。こうして、身内を精緻に構造化し、他者は遠目に眺めるという、非対称的なものの見方の図式ができあがる。

2.2.1　複合的な「ウチなる自分」

　ここからは改めて、主語、目的語、基本構文、さらに「複合体である自分」について論じる。まずは主語の特徴を見る。

日本語の主語

　日本語の主語は次の2つの特徴によって定義される（柴谷 1978; 宗宮・下地 2004）。

1. 主語が目上の時、動詞の尊敬語化を誘発する
2. 再帰代名詞(「自分」)の先行詞になる

　まず1については、次の3つの例文中、「お招きになる」など動詞が表す事態の主体はいずれも「先生」であり、「先生」は主語である。このように主語の指示対象が目上にあたる人物である場合には、動詞を尊敬語化することができる。逆に、尊敬語化が起きていればその動作主体は主語である。

(51)　先生が山田君を<u>お招きになった</u>
(52)　先生にその問題が<u>お分かりにならない</u>（こと）
(53)　先生がお酒が<u>お好き</u>（なこと）

これらの例が示すように、主語は「が格」または「に格」で標示される。格助詞は主語を決定する決め手にはならないが、「が格」がもっとも標準的である。

次に再帰代名詞照応の例を見る。文中に主語と目的語がある時に、自らを「自分」という再帰代名詞で指示することができるのは主語だけである。次の(54)で「自分」は太郎を指し、(55)では省略された2人称主語、聞き手を指す。

(54)　太郎が花子に自分の作品を見せた
(55)　そんなふうに自分を責めちゃいけないよ

英語の主語が数多くの特徴を示したのと対照的に、日本語の主語は文法機能的に突出しておらず、大した仕事をしていないように見える。しかし、上の2つの特徴を示すのは主語のみであるため、主語ははっきりと定義できる。特徴の数が少ないことから、日本語の主語は設定する意義が小さいと思われる向きもあるだろう。しかし主語を設定すれば、主語を基準として主語の周辺要素のふるまいを観察することができて便利である。

むしろ目につくのは格助詞のふるまいである。通常、主語は「が」によって標示されるが、先の例文(52)のように「に」で標示される時もあり、(53)の「お酒が」のように、「が」が目的語を標示することもある。主語、目的語を語るにあたって格助詞を分析することは必至である。

日本語の目的語

日本語の目的語は次の3つの特徴を備えている(角田 1990; 宗宮・下地 2004)。

1. 目的語が目上の時、動詞の謙譲語化を誘発する
2. 主語と同一指示の場合、再帰代名詞化を被る
3. 受動文の主語になる

これらの特徴について順に説明する

(56)　先生をお送り申し上げた

目的語の指示対象が目上の人である場合には、このように謙譲語を使うことができる。「私がご説明申し上げましょう」では目的語が欠如し、主語が謙譲語を誘発しているように見えるが、実際には目的語に類する謙譲すべき対象が想定され、省略されている。そのような相手を想定できない「泳ぐ」「眠る」など自分だけの行為の場合には謙譲語は現れない。

　ところで謙譲語化を誘発するのは目的語のみではない。たとえば「先生のためにお祈り申し上げた」の「先生」は目的語ではない。しかし「先生」は意味の上で主語と何らかの近接的な関係にある。

　第2に、主語と目的語が同一指示である場合には、目的語の方が再帰代名詞化する。

(57)　太郎が自分をほめた

目的語「自分」の先行詞は主語「太郎」である。主語は変化せず、目的語は主語に応じて再帰化する。英語の場合と同様に、目的語は主語に対して従位的である。ただし、「自分の秘密を誰かに打ち明けたい」「自分は何をしたのだろう」など、目的語以外の要素を再帰代名詞で表すこともある。

　第3に、目的語は、受動文の主語になることができる。

(58)　生徒が先生に叱られた

この受動文は、同じ事実を表す能動文「先生が生徒を叱った」に対応する。日本語には、「太郎が財布を盗まれた」「太郎が娘に家出された」など、目的語以外の要素を主語とする受動文もあるが、(58)のような目的語主語の受動文が、制約の少ない無標の形である。

以上3つの特徴はどれも目的語のみに見られるものではない。それでも3つの特徴をすべて備えている点で目的語は文法的に目だった存在である。目的語を設定することにより、目的語と共起する「を格」、「に格」、「が格」のふるまいを見ることもできる。

主語・目的語と格助詞の対応

　上で見たように、日本語の主語と目的語は、日本社会の人間関係を反映して尊敬や謙譲の概念を組みこんだ点で独特であるが、それらは随意的な傾向にすぎず、それ以外では大した文法機能を果たしていないことから、さほど重要な文法概念ではないように見える。その一方で、そのような主語と目的語を標示する格助詞「が」「を」「に」が、主語、目的語と複雑な対応を示し、意味深長に思える。

　図 2-5 は、日本語の主語と目的語が格助詞と複雑な対応を示すことを、英語の場合と対照して示したものである。太い矢印は基本となる対応を表し、細い矢印はその他の可能な対応を表す。「直接目的語」「間接目的語」とは、目的語が2つ存在する文において、各々「を格」標示を受けるものと「に格」標示を受けるものを言う。

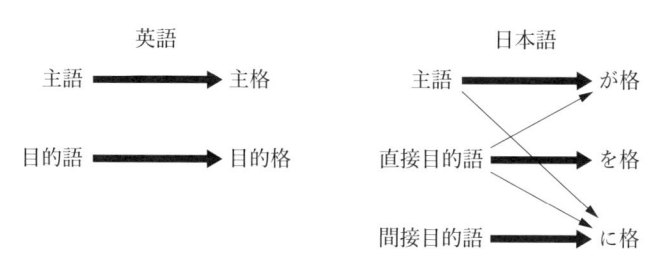

図 2-5　日英語の主語・目的語と格の対応

　これ以降は図 2-5 に沿って、「が」「を」「に」について分析する。格助詞にはこの他に「で」「から」「と」「の」「って」「なんて」「へ」「より」があるが、本書では特に扱わない。「社長は誰ですか―はい、私が社長です」などにおける強調の「が」も考察の対象外とする。また、トピック標示の係助

詞「は」に言及するのは必要な限りにとどめる。

「が・を」構文という鋳型
　日本語では「〇〇が△△を××した」という構文が基本的で標準的だという直観が広く共有されている。しかし、その中でも次のような文が日本語の本質を表すと認識している話者は多くないかもしれない。

(59)　花子が肩をすくめた
(60)　観客がはっと息を呑んだ
(61)　その少年が歳相応の顔をした

(59)から(61)の「花子・肩」、「観客・息」、「少年・顔」はそれぞれに、人とその身体部位という、全体と部分の関係にある。この時、文の主語と目的語は一体であり、前者は後者を物理的または心理的に包摂し、意のままにできる。格助詞「が」と「を」は本来そのような、全体と部分の緊密な関係を表す。
　英語の中核的なSVO文が柔軟に形を変えて使用されるのと対照的に、この「が・を」構文は形式が鋳型のように固定している。たとえば、全体・部分の関係をわざわざ明示すると非文になることが多い。

(62)　＊花子が自分の肩をすくめた
(63)　＊観客がはっと自分の息を呑んだ
(64)　＊その少年が歳相応の自分の顔をした

この非文性の理由は、構文と「自分の〜」との意味の重複を嫌ったものか、あるいは「自分の〜」があたかも自分とは別に存在する個体であるかの趣を呈することを嫌ったものと考えられる。同様の例で「＊私は自分の耳をそばだてた」も非文である。「私は自分の耳を疑った」は許容されるが、この時には「自分の耳」が持ち主から離れ、持ち主と対峙している観がある。

「が・を」構文では語順の変更も許されない。

(65) *肩を花子がすくめた
(66) *息を観客がはっと呑んだ
(67) *歳相応の顔をその少年がした

本書では、「が・を」構文は全体と部分の関係を表す構文であると考える。(65)から(67)で語順の変更が許されないのは、この語順を守ることにより、全体が部分を包摂すること、実体が属性に先立つことをアイコン的に表せるからである。

　語順の変更が許されないことから、中核的な「が・を」文は受動態にもならない。

(68) *肩が花子に(よって)／*花子に(よって)肩がすくめられた
(69) *息が観客に(よって)／*観客(によって)息が呑まれた
(70) *歳相応の顔がその少年によって／*その少年によって歳相応の顔がされた

「が・を」構文は本来的に話者自身あるいは話者が共感を寄せる人と、その身内について語るための構文である。このことから、派生的な用法として、無生物であっても全体・部分関係が成り立っている場合には「が・を」構文が適用される。

(71) 太陽が雲の間から顔をのぞかせた
(72) 台風が勢力を増した

これらは無生物主語の他動詞文である。日本語では通常「*強風が歩行者を倒した」「*その知らせが彼を嘆かせた」など無生物を主語とする他動詞文は許容されない。「強風」と「歩行者」、「知らせ」と「彼」は全体と部分の関係にないからである。しかし、(71)と(72)では「太陽・顔」、「台風・勢力」

がそれぞれ全体・部分の関係をなしており許容される。

（71）と（72）の文においても、語順の固定など（65）から（70）と同じ制約が働いている。全体と部分の関係を表す「が・を」文には、がっちりと固まった鋳型が存在する。

「が・を」が表す一体感

中核的な「が・を」文からの類推で、次のような文が可能になる。これらは特に全体・部分関係を表さない文である。（75）は他動詞文ではないが、「が・を」文ではある。

(73) 太郎がリンゴを食べた
(74) 花子が太郎をたたいた
(75) 子供が道を歩いている

これらの文は「が・を」の形式を取るものの文法の制約が緩く、「リンゴを太郎が食べた」という語順は普通に耳にする。受動態で「太郎が花子にたたかれた」などとも言える。

これらの文は、主語が行動し目的語が影響を被る点で英語のSVO構文を思わせる。しかし、日本語では因果関係というよりも立場の大小と一体感が決め手になる。(73)の「太郎がリンゴを食べた」では、「太郎」と「リンゴ」の立場の大小と、食べるという行為の直接性から、リンゴが太郎の身体部位のように太郎の意のままになることが含意され、「が・を」構文が合う。「太郎がリンゴをかじった」なども同様である。しかし、「太郎がリンゴにかじりついた」になると、直接性が減じて太郎とリンゴの関係に距離感が出る。この距離感は、「に格」要素の特徴である。(74)では、「たたく」という動詞が表す力関係の大小と関係の直接性、緊密性から、やはり「が・を」構文が選ばれる。(75)では、子供と道が同じ空間にいて一体になっていることを「を」が伝える。「角を曲がる」「電車を降りる」などもこの類である。これから繋がるという場合には「高速道路に出る」「電車に乗る」など「に格」

の出番になる。

「が・を」構文の意味と用法をまとめると表2-7のようになる。

表2-7 大小と遠近で決まる「が・を」構文の用法

	意味	例
基本的用法	全体と部分	「観客が息を呑んだ」 「台風が勢力を増した」
派生的用法	全体と部分に似た関係：力の大小、行為の直接性、行為の一方向性、空間的一体性、関係の緊密性、などのうち1つ以上	「太郎がリンゴを食べた」 「花子が太郎をたたいた」 「子供が道を歩いている」

　日本語では、他動詞の目的語を「を」で標示するか「に」で標示するかは動詞によって個々に決まっているが、文脈と話者の主観によってシフトして構わないところがある。特に話しことばで格助詞がよく「誤用」され、傾向として「に」を「を」に替えることが多い。そうかと思えば「焼きたてのパンが売っている」「そういう自分に嫌になった」など、「を」に替わって「が」が、「が」に替わって「に」が用いられる例もある。どの場合も、文法から外れても自らの心情に忠実であろうとする観があり、誤用とも言い切れない。これについては後述する。

「が・を」構文における動詞

　「が・を」文に用いられる動詞を観察すると、日本語が「が格」名詞の指示対象に注目する言語であることがわかる。まず、従来から指摘されているように、日本語の他動詞は一般的に結果指向性が弱い（池上:268）。たとえば次の(76)と(77)は基本的、(78)と(79)は派生的な「が・を」文であるが、基本的か否かに関わらず、他動詞は結果を伴立しない。

(76)　太郎が歯を磨いたが、歯ブラシをうまく使えずいっこうに磨けなかった

(77)　花子が髪を洗ったが、目にシャンプーが入って洗えなかった

(78)　太郎が花子を見舞ったが、時間外で会えなかった
(79)　太郎がリンゴを食べたが、まずくて吐き出した

「進行・完成」という相性を見ない日本語においては、「磨く」「洗う」「見舞う」「食べる」はどれも活動動詞であり、主語の行為は始点で早々に成立する。このため、磨こう、洗おうとした途端に「磨いた」「洗った」と言ってしまっても矛盾しない。日本語の他動詞には通常、「を格」目的語の状態変化を見通そうという姿勢は組みこまれていない。

　次に、共感要素を主語に立てるために、動詞は柔軟に態を変え、種類を変える。次の(80a)と(81a)では能動態に換えて使役態を、(82a)では自動詞に換えて他動詞が用いられている。

(80) a.　花子が目を潤ませた
　　 b.　花子の目が潤んだ
(81) a.　花子が声を弾ませた
　　 b.　花子の声が弾んだ
(82) a.　太郎が腹を立てた
　　 b.　(太郎は)腹が立った
(83) a.　台風が勢力を増した
　　 b.　台風の勢力が増した

各組の文はそれぞれ同じ事実を述べているが、a文の方がb文より自然である。日本語ではこのように、変化の主体が花子の目や声であり太郎の腹である時に、花子と太郎を主語にして「が・を」文を作る。「部分」に起きた変化を表すために、わざわざ「全体」を主語に立てるのである。それに応じて動詞は柔軟に形態変化する。ちなみにこの時の主語は、意思をもつ行為者ではなく、変化を経験する者である。

　このような交替の現象は生産的ではなく、語彙による制約が強い。たとえば「太郎が目を見張った」は言えても「*太郎の目が見張った」は言えず、「花

子が肩をすくめた」はあっても「*花子の肩がすくんだ」はない。逆に、「太郎の気が済んだ」はあっても「*太郎が気を済ませた」は非文である。しかし、このような語彙的制約はあるとはいえ、日本語における「が・を」構文の優位性は否定できない。

「に格」が表す距離感

「に」は、「が格」標示される指示対象と全体・部分の関係にない者、他者、を合図する。次の文で「京都」は目的語ではないが、他者ではある。

(84)　彼が京都に家を建てた

この文では、「彼」は京都にいない。むしろ家を建てることで彼と京都の結びつきが生じる。(84)を「彼が京都で家を建てた」に変えると、とたんに「彼」はすでに京都にいる図柄に変わる。このように、「に」は、これから結びつくような近い距離感を感じさせる。

「に」が表す距離感は決して大きくはない。例えば「町に行く」は「町へ行く」よりも距離が短く、すぐに到着しそうである。「に」は「を」に比べて距離感があるが、「へ」に比べるとごく小さな距離、あるいは到達地点を表す。隣接する他者ならではのことである。

次の例では「に」が目的語を標示している。

(85)　子供が自転車に乗っている

「降りる」が「を格」(あるいは「から格」)を取るのに対して、「乗る」という動詞は「に格」目的語を取るものと文法で決まっている。「乗る」においては、主体と乗り物が未だ一体でないという距離感に加えて、乗り物の方が乗る人より大きい個体であるという想定があり、「スノーボードに乗る」「出世コースに乗る」などが含意するように、決して主語が目的語を意のままにできるとは限らない。この状況は、「電車を降りる」場合に主語がすでに電

車とつながり一体化しているのと対照的である。「自転車に乗る」と言うが、「自転車を乗りこなす」ようになると、とたんに「を格」が登場する。「飛行機を乗り継いだ」なども「を格」と決まっている。

「を格」目的語と「に格」目的語

　目的語としての「を格」と「に格」をもう少し比べてみる。

(86)　太郎が水たまりをまたいだ
(87)　太郎が木馬にまたがった

「またぐ」と「またがる」はよく似た動作であるが、「またぐ」は対象全体を脚の下に取り込むことを言い、「またがる」は対象の上に乗ることを言う。対象の大小、対象の動きの有無、それによる支配の可否について違いがある。

(88)　課長が部下を怒鳴った
(89)　課長が部下に怒鳴った

これらの文は同じ状況を表しているのかもしれない。つまり真理条件的意味が同じかもしれない。しかし「を」文では部下が頭ごなしに怒鳴られて、その場から逃げ出せない状況がイメージされる。課長の声が上から下向きに浴びせられる感じだ。「に」文では、部下は課長から離れた所にいる。ドアを開けてオフィスから出ようとしているところかもしれない。そこへ課長の罵声が横向きに飛んでくる感じだ。「部下に向かって怒鳴った」なら、確実に離れたところにいる。

(90)　課長が部下に罵声を浴びせた

この文では、「課長」と「罵声」が全体と部分の関係にあること、部下は他者であることを格助詞が表している。目的語が2つあることよりも格助詞

の使い分けの方が情報豊かに、日本語が本来的に表したいことを発信している。

　このように、「を」と「に」は動詞によってどちらを使うか定まっており、両方を許容する場合もその意味合いの違いが図 2-4 によって説明できるのだが、実際には咄嗟の使い分けが難しいのか、ドラマ、テレビのニュース、日常会話で、格助詞の用法がぶれるのをよく見かける。特に「に」と言うべきところを「を」と言うことが多い。実例を挙げる。

(91) ?私たちを味方するような判決を出してくれる立派な裁判官なんですよね
(92) ?○○はメンバーの助けを心から感謝していました
(93) ?契約書をサインするのは何日ですか
(94) ?姉たちが○○(弟)をやさしいまなざしで接してくれて…
(95) ?私があなたにお会いしたのはアリバイ捜査のためにお宅をお邪魔したあの日だけです
(96) ?あなたもっぱらあの暴漢の動きを注目して見てたんじゃないんですか
(97) ?○○がピアノの鍵盤を触ったりするようになりました

これらの例は共通して主語と目的語の関係の近さを表しており、そのために「を」が代用されたと考えられる。例えば(97)の「触った」の代わりに「ピアノの鍵盤に触ってはいけません」なら、文法に合った「に」が使えたかもしれない。ここでは実際に触ったという親近感から格助詞のぶれが起きた可能性が高い。それというのも格助詞は本来的に距離感や共感を伝える工夫であるからだ。「海を潜る」も「山を登る」も、その活動の最中の発話ならば容認できる。日本語の文法は、主観にもとづいているだけに、はなはだ不安定であることを否めない。

志賀における格助詞

　小説でも、変則的な「を」の使用が時に一体感とひき締まった感じを出す。(98)では「小説の神様」と呼ばれた志賀直哉が、「で」の代わりに「を」を選んでいる。

(98)　彼より先に起き出た祖母は半白の髪をさっぱりと束ね、もう勝手元を働いていた
　　　　　　　　　　　　　　　　　　　　　　　　　　　　［志賀 1923:192］

このように堂々と主観を優先させる例は志賀の小説の他の箇所でも見かけられる。

　　翌々日もそのまま過ぎた。小江(さざなみ)と二人だけで会う機会はなかった。又蠣太(かきた)は知らず知らず、それを避けていた事を後で気がついた。そして人の居る所で会う場合、小江は全く何事もなかった人のような顔をしていた。それを蠣太は心で感服した。……
　　……彼は安心と不愉快との混り合った変な気持をしながら引返して来ると、偶然向うから小江が一人で来るのに会った。彼は思わず眼を伏せた。そして何気なく擦れ違おうとすると、何か自分の手に触れる物を感じた。彼は不知それを受け取っていた。それは重みのある手紙だった。……
　　内容の意味はこうだった。
　　私は貴方を恋した事は云(ござ)いませんが、前から好意を感じておりました。……私は今幸福を感じております。　　　　　［志賀 1917:79–81］

この文章では、「気づき」「感服」「恋する」など書き手の心を表す時に「に」が「を」にシフトしている。これに対し、「会う」「触れる」という事実の方は、文法に従って「に」が使われている。

そのまま馬を走らせた

　日本語の「を格」と「に格」の違いについて、ヴィアズビッカ（Wierzbicka 1988）は、「に格」より「を格」の方が強い強制を表すとするコムリーらの従来の見解に反対して、「を」の場合は全責任が主語にあり目的語の意思は問題にならないのだと主張した。コムリーが例文に使った「太郎を行かせる」と「太郎に行かせる」では区別が難しいが、例えば「野菜を腐らせる」では強制しているとは言えないからだ。さらにヴィアズビッカは次の例を出して、「を」は強制を表すのではないと主張した。

(99)　もう馬を連れて帰る時間だったが、あまり愉快そうに囲いの中を走っているので、太郎はそのままもうしばらく馬を走らせた

[Wierzbicka:238]

実際に、(99) の「馬を」からは馬への愛情すら感じとることができる。「囲いの中を」の方が「囲いの中で」と言うより主観的で温かい感じがするのも、「を」の表す共感ゆえである。ヴィアズビッカの言う「主語の全責任」、「目的語の意思は問題にならない」は、先の図2-4の「ウチ・ソト」の共感関係から自ずと説明される。

内側にいる自分、外にいる他者

　数量詞遊離の現象もまた本書の提案を裏づける。柴谷（1978）で指摘されているように、数量詞は「が格」または「を格」の名詞句と同一指示である時には遊離できるが、「に格」の場合には遊離しない（柴谷:246–47）。

(100)　友人が3人訪ねてきた　　　　　　［3人の友人］
(101)　友人が写真を3枚撮ってくれた　　［3枚の写真］
(102)　*友人が学生に3人道を尋ねた　　　［3人の学生］

　この現象は、話者が「が・を」要素に共感を寄せ一体化しているために起

きる。「が」や「を」で標示される要素は自分の身内である。身内の中に埋没している話者には、自分が単数か複数かは見えないし、どうでもいいことだ。このため「が格」の名詞句と「を格」の名詞句は本来的に数量化と合わず、数量詞を遊離する。

　ただし「が」要素や「を」要素が特定の人々をさす場合には、やはり数量化して輪郭を明示する。

(103)　(その)3人の友人が訪ねてきた
(104)　友人が(その)3枚の写真を撮ってくれた

この場合、特定性は個体性に通じ、「(その)3人の友人」で1つの概念になると考えられる。したがって、友人が3人しかいない場合もこのように言う。一方、友人のうち誰でもいい不特定の3人、あるいはどの3人か分かっているがそれが重要でない場合には「友人が3人」、「写真を3枚」などとして数量詞を遊離する傾向がある。

　外なる他者の方はその輪郭がはっきり見えて数量化しやすい。もちろん「私に」などとして自分を外側から眺めて表現することも可能だが、その時は自分を他者と見ているのであって、主観としての話者は常に「が・を」の側にいる。

　数量詞遊離の現象は、日本語に数の文法範疇が存在しないことと関連する。数量化するためには外側から対象をつかんで1つ2つと空間の切れ目を数える必要があるが、日本語では話者が身内の中に入り込んでいるため、「子供がカメをいじめていた」などの子供とカメが単数か複数か見えてこない。おそらくは日本語のこのような「ものの見方」が一因となって、日本語では数の文法範疇が発達せず、だから「昨日公園で友達に会った」の「公園」や「友達」が単数か複数かも表さないのだろう。英語のように話者が文の外にいる客観的な言語では対象を外側から見るため、数量化が容易であり、数を表す仕組みが発達している。共感中心の日本語では、数はもっぱらソトなる他者を描写するための概念であり、そのような表現が文法化するに至らな

かったと思われる。

「に格」主語は制約が多い

　図 2-5 が示しているように、主語が「に格」で標示されることがある。

（105）　彼にそれができないはずがない
（106）　先生にはお分かりになっていた

「に格」主語は使い勝手の悪い主語である。「? 彼にそれができない」は、単文としては変則的であり、（105）のように二重否定にするか、「彼には…」としてトピック標示の「は」を導入する、あるいは「…できないこと」として節に埋め込む等、構文上の工夫が必要である。（106）の「先生には…」の文も、「は」を削除したとたん変則的になってしまう。

　トピック標示に用いられる係助詞の「は」は、トピックが話者の選択であることから必然的に、図 2-4 の格助詞とは別のルートで、話者の共感を合図する。実際の言語使用において、トピックは主語に代わって頻繁に登場する。

　国立国語研究所（1951:135）は、「に格」は「「～には」「～におかせられては」などの形にして、尊敬の意を表すべき主語につける」と言い切っている。実際には「私に数学が分からない（こと）」などと言えることから、「に格」主語は必ずしも尊敬の対象である必要はないが、日本語において尊敬の対象が他者性を帯びることは確かである。しかし、「は」で共感を補うことで「に格」主語の他者性が相殺される。

　実のところ「に格」主語は、ある事情で「が格」主語が使えない時の、間に合わせの主語である。以下ではその事情について述べる。

2.2.2 「が格」目的語が示唆すること

　先に、自分の身内には身体部位、家族、所有物が含まれると述べた。このうち「所有物」には物の他に能力、感情、感覚が含まれる。日本語の「自分」とはこのような「身内」と不可分の抽象的な複合体であり、そのことは「が

格」目的語を観察するとよく見えてくる。

主語省略が表す最大級の共感

　先の図2-4における身内側の最大の円は、話者の最大の共感を表している。共感が向かう先は事態の参与者の一人すなわち話者自身（または話者が自分とみなす人）である。その参与者は、省略された主語として文の中で機能する。その文が他動詞文なら、目的語が「が格」で標示される。「あなたが好きです」はその典型例である。

　「が格」目的語の文には「に」格主語が登場することがある。通常、1文中で同じ格助詞を重ねて「? 私があなたが好きです」と言うのは不自然に聞こえるため、主語をトピックにシフトして「私はあなたが好きです」と言う。この時「* 私にあなたが好きです」は許容されない。しかし「私にそれができる／分かる（こと）」なら「に格」主語が許容される。「は」を足して「彼にはそれが分からなかった」等とすれば完全に落ち着く。このように「に格」主語は、「が格」が目的語を標示する仕事で「出はらった」時にだけ、形容詞や形容動詞でなく動詞との連結に限って許容される主語であり、日本語の文法があまり歓迎しない主語である。

　では「が格」が目的語を標示するのはどのような場合なのだろうか。日本語の話者はどのような事態、どのようなできごとに最大級の思い入れを込めるのだろうか。それがわかれば日本語の「自分」の実体もわかりそうである。

主観である「自分」──能力・感情・感覚・所有

　日本語では、「ちょっとお尋ねします」「よく頑張ったね」など、主語が直示的つまり1人称や2人称である時に、主語省略が義務づけられる場合がある。あるいは「今しがた出かけました」など、文脈から主語が自明である時にもよく省略される。これらは日本語が文脈に大きく依存する傾向があることを示すが、それ以上のものではない。実際に、これらの場合は「が格」主語を補足して、「後日、係の者がお尋ねします」「子供たちがよく頑張ったね」「息子が今しがた出かけました」など、ごく普通の文を作ることができる。

本書で注目するのは、「あなたが好きです」「逆上がりができた」の類の主語省略である。あえて主語を補うと変則をきたし、しかも目的語が「が格」で標示されるのが特徴である。本書で「主語省略」「ゼロ標示」と言う時にはこのような文を想定している。これ以降は、文中で生起する用言が形容詞、形容動詞、動詞のいずれであるかを問わず、これらを一律に「が格目的語構文」と呼ぶ。

(107) 膝が痛い／生活が苦しい／親切が嬉しい
(108) きれいな従姉が好きだった
(109) それが分からない／金が要る

久野(Kuno 1973)によれば、「が格」目的語構文は静的なことがらに限定されており、次のような形容詞、形容動詞、動詞が用いられる(Kuno:81–91)。

久野は「おもしろい」について時枝の立場に半ば同意し、「おもしろい」は話者の主観であるのか対象自体の性質つまり属性であるのか曖昧だと認める。本書では括弧に入れて示した。久野はまた「にくらしい」、「おかしい」、

表 2-8 「が格」目的語と共起する用言(Kuno 1973)

【能力】 形容詞：上手い；まずい 形容動詞：上手だ；得意だ；苦手だ；下手だ；可能だ；困難だ；容易だ 動詞：できる；〜(ら)れる
【感情】 形容詞：愛しい；ありがたい；うらやましい；恐ろしい；(おもしろい)；可愛い；悔しい；楽しい；つまらない；なつかしい；妬ましい；恥ずかしい；欲しい； 動詞派生の形容詞：〜したい 形容動詞：嫌いだ；残念だ；好きだ
【非意図的感覚】 動詞：分かる；(聞こえる)；(見える)
【所有】 形容動詞：必要だ 動詞：ある；要る；ない

「淋しい」、「暑い」、「寒い」を時枝と同様に「が格」目的語構文から外しているが、「恐ろしい」はリストに加えている。

久野によれば、「映画が好きだ」、「お金が欲しい」、「ご飯が食べたい」、「日本語が話せる」などが主語省略を強く感じさせるのに対して、「変な音が聞こえる」、「山が見える」などでは主語が省略された感じがせず、後者は「が格」目的語構文であるのか、あるいは単なる自動詞構文であるのか曖昧である。これらは主体（の感覚）と客体（の属性）の融合をよく示す例である。本書ではこれらも括弧に入れて示した。

久野は上のリストで「が格」目的語を取る用言をほぼ網羅したと述べているが、実際には、他にも「苦しい」、「嬉しい」など、話者の主観や感情を表す形容詞が存在する。「寒い」、「うるさい」など周縁的で曖昧な語を数えるともっと増える。

「おもしろい」「聞こえる」「見える」等の周縁的な語の場合に「が格」要素が目的語か主語なのか曖昧になるということは、本書の図2-4のテンプレートが心理的実在性をもつことを示唆している。図2-4は、「が格」標示される要素が何であれ主語らしさをもつこと、それでいながらゼロ標示される要素に対しては目的語らしい立場にあることを示している。日本語では、主語かどうか目的語かどうかはファジーなことがらであり、重要なのは「が格」要素が話者の共感を担うことである。

表2-8によれば、「が格」目的語構文には能力、感情、感覚、所有を表す用言が生起する。その「が格」目的語構文では、主語は省略されるのが自然であり、その省略された主語はもちろん自分である。自分である話者は目的語に「が格」を譲り、自らはゼロ標示を取る。先に表2-6で主語省略と「が格」目的語が「一群の用言」と共起すると述べたが、その一群の用言とは表2-8が示すものに他ならない。

「が格」目的語構文から、日本語の「自分」にとって、能力、感情、感覚、所有が重要であることが見えてくる。日本語の「自分」は、身体部位、家族、所有物、能力、感情、感覚、を含む主観の総体である。

「に格」主語―「ある」と「いる」について

　「が格」目的語構文の用言のうち、動詞は形容詞、形容動詞と違って「に格」主語を取ることができる。通常、「に格」主語は人であり、しかも話者の共感を担わない人である。

(110) a.　彼に逆上がりができる(こと)
　　　b.　[?]彼が逆上がりができる(こと)

(111) a.　彼に金が要る(こと)
　　　b.　[?]彼が金が要る(こと)

「に格」主語が現れるのは「が格」目的語構文に限られる。主語らしい主語を表す「が格」が目的語に付いてしまったために、苦肉の策として「に格」主語を登用した形だ。話者の共感は「に格」主語ではなく「が格」目的語に向けられる。

　表2-8で久野が「ある」と「ない」を「が格」目的語構文を取る動詞とみなしたのは洞察に富んでいる。久野は、「いる」は生物に、「ある」は無生物に使うという通説を正しいとした上で、「が格」目的語を想定することによって「僕は子供がある／ない」と「僕は子供がいる／いない」の違いを構文の違いとして説明できるとした。

(112)　僕は子供がある／ない
(113)　僕は子供がいる／いない

この例で、(112)の「ある・ない」文は所有を表す「が格」目的語構文であり、(112)の「が格」名詞は目的語ということになる。(113)の「いる／いない」文では「が格」名詞は主語である(Kuno:87)。

　「ある」と「いる」に関する諸々の説が三浦(1975)で紹介されている。三浦自身は、「ある」と「いる」はマクロとミクロという認識の違いを表すと

結論している。例えば電車の車掌は、いわば電車の中に閉じ込められた乗客全体をマクロに、静止的に捉えて「お降りの方はありませんか」と言う。乗客自身は、自由に動く自分をミクロに意識して「降りる者がいるよ、通してくれ」と答える。すると今度は車掌がその乗客をミクロに見て「あ、いらっしゃいましたか」と言う。このように考えれば、「今日はお客が3人もあった」や「風が吹いている」という言語事実を説明できる。同時に、「いる」は生物に「ある」は無生物にという通説を見直すべきことが分かる（三浦：183–95）。

　三浦のマクロとミクロは客体と主体の違いに着目した見方であるが、それを目的語と主語の違いとまでは言っておらず、どちらの対象も主語とみなしている。本書では久野の説を採って、「X がある」は所有を表す「が格」目的語構文であり、X は目的語であると考える。この X は、三浦の言う静止した客体でもある。

(114)　私に子供がいる（こと）
(115)　私に子供がある（こと）

「子供」は、「いる」文では主語、「ある」文では目的語である。この違いに関係なく、この2文はどちらも、従属節に限るという制約のもとで許容される、日本語の文法が歓迎しない文である。それというのも「私」と「子供」という、全体・部分関係にあるものが、本来の「が・を」構文で表されていないからである。

　「いる」と「ある」の違いは次のような文脈で明らかになる。

(116)　部屋に子供がいる
(117)　*部屋に子供がある

これらの文で「部屋に」は主語ではなく付加語である。(116)の「いる」文は、「子供」を主語とする存在文である。(117)では、主語として子供を

所有できそうな人が文脈の中に見当たらず、「が格」目的語構文が破綻している。

(118) 昔々ある所にお爺さんとお婆さんがありました

この文は昔話に特有の言い回しで、古めかしい感じがする。この「お爺さんとお婆さん」は「が格」目的語であって主語ではない。その証拠に「住む」との連語が成立しない。

(119) a. ＊昔々ある所にお爺さんとお婆さんが住んでありました
    b. 昔々ある所にお爺さんとお婆さんが住んでいました

では(118)の主語は何であるのか。なぜ「が格」目的語が許容されるのだろうか。
　この文の主語は、省略された自分、語り手であると思われる。ゼロ標示された主語である語り手は、対象を視野に収めて見ている。目的語のお爺さんとお婆さんは、物語の世界から出ていくことはない。その意味で語り手が所有する、語り手の身内である。先の電車の中の乗客も、いわば囚われの身の、車掌の所有物である。一方、部屋にいる子供は、すぐに部屋からも話者の視野からも出て行ってしまいそうだ。
　同じように、次の例でも主語は省略され、目的語は「が格」標示されている。

(120) 机の上に本がある
(121) 田舎に別荘がある

では、その主語は何だろうか。何か大きな、話者自身をも包みこむものだ。特定の主語が存在する場合には、トピックにシフトして「彼は田舎に別荘がある」などと言う。

2.2.3　被害の受身・責任の使役

　先の図 2-4 の「ウチ・ソト」の図式から、日本語に特有の「被害の受身」と、本書が命名するところの「責任の使役」という、態に関する言語事象が説明できる。「受身」とは「受動態」のことであり、英語的な受動態との違いを意識した用語である。

　本書では態を次のように定義する。これは英語における態の定義と同じである。

　　態とは、動詞形態が合図する、事態への主語の参与の仕方である

　寺村 (1982) によれば、日本語では、本居春庭 (1828) が「詞の自他」の観点から動詞を 6 種類に分けた。これを現代の日本語にあてはめると、①自動詞、②「を」を取る他動詞、③「に」を取る他動詞、④使役態、⑤自発態、⑥受動態、ということになる。その後、西欧語の voice なる文法概念が大槻 (1891) によって導入され、助動詞の用法として位置づけられた (寺村:207–8)。寺村自身は態を「格と相関関係にある動詞の形態」と定義し、自動詞と他動詞の対立とは別に、動詞が形態変化を示しかつ格助詞の交替が起きる場合として、受動、可能、自発、使役の 4 つの態を認めている。

日本語のマルチな態

　本書では、現代の日本語には能動態、自発態、受動態、可能態、尊敬態、使役態があると考える。このうち能動態は、他動詞と自動詞の基本形を指す。その他の態はこの基本形から派生した態である。

(122)　誰かが窓を割った　　　　　　［他動詞の能動態］
(123)　子供が泣いた　　　　　　　　［自動詞の能動態］
(124)　窓ガラスが割れた　　　　　　［自発態］
(125)　窓が割られた　　　　　　　　［受動態］
(126)　窓から出られた　　　　　　　［可能態］

(127)　先生が出られた　　　　　　　　［尊敬態］
(128)　上司が部下に窓を割らせた　　　［使役態］

　以下では、この中から受動態と使役態に的を絞って観察する。まず受動態を見ると、日本語における受動態は多くの態のうちの1つにすぎない。特に自発態、可能態、尊敬態とは「(ら)れる」という形式を共有し、意味の上でも共通して「意思性の欠如」を表す。つまり受動態は、4つの非能動的な態の1つである。

　橋本(1969)によれば、歴史的には、受動態、可能態、尊敬態はどれも自発態から派生した。奈良時代には、「ゆ」「らゆ」が自ずと然ることつまり自発を表したり受身を表したりした。このうち自発の実例の方が多く、また自発を表す動詞を受身の意味で用いた例もある等の事実から、自発が先行し、その後で受身に転じたと考えるべきである。また、日本語では、受身の主語となるのは心のあるものであり、有情の人間ができごとに対して利害感情を働かせることから、自発から受身への転用が起きたと考えられる(橋本:275-79)。

　やがて平安時代になると、「ゆ」「らゆ」が廃れ「る」「らる」が盛んに用いられるようになった。「る」「らる」は、自発、受身、可能の意味で用いられたが、可能の意味は否定の助動詞を伴う場合に限られていた。さらには、この時代に尊敬の用法が初めて現れた。その後、鎌倉時代を経て室町時代になると、可能の意味が無条件で用いられるようになった。こうして4つの態が出揃ったのだが、受身と同様に可能も尊敬も自発からの発達である、というのが橋本の見解である(橋本:266-71)。

　これは現代の有力な立場の1つである。派生の経緯については他にもさまざまな説があるが、4つの態が関連しているという考えは共有されている。特に「割れない」などにおける自発の否定と可能の否定が意味的に近いことは一般的に認められている。

　森田(2002)は、内と外の区別が日本文化の特徴であり日本的発想の基本であるとした上で、内なる己が外なる諸条件によって規定されていくという

自発の現象が、可能、受身、さらには尊敬の表現に通じるとしている。森田においては、内なる己を外なる世の中が取り囲み、外から内へ一方向に力が働く（森田 :208-9）という図柄が想定されており、この点で、ウチの内部で一方向の力関係があるとする本書の「ウチ・ソト」の提案とは異なっている。

本書では、自発態、受動態、可能態、尊敬態が、意思性の欠如という特徴を共有していることに注目する。このうち前3者は、省略された主語あるいは「が格」主語である「自分」の与り知らぬところで、自分の身内である感受性や能力、あるいは何らかの外的要因が働いて事態が成り立ったことを表す態である。ただし身内のうちでも特に身体部位が働いた場合は、「手が出る」「腹が鳴る」など能動態として表されることが多く、また、「花が咲く」「太郎がころんだ」など複合体である自分の全体に変化が及ぶ場合も能動態で表す。どの場合も意思性は欠如しているが、これは英語の「なる型自動詞」にも見られる現象であり、能動態の多様性に属することがらである。

尊敬態[16]にも意思性が欠如している。日本語においては、目上の人を他者扱いして、自分と同じ人間的な意思性を付与しないことが尊敬に通じる。「話される」を「お話しになる」と言うなど、他者の行為を「する」でなく「なる」として自然発生的にとらえ、動作主体の関知しないところで事態が出来したと見るのである。

被害の受身

自発・受動・可能・尊敬と、非意思的な態を4つも取り揃えた日本語では、基本的に受動態は英語と違って有標ではない。話者は共感にもとづいて主語を選択し、必要に応じてごく当たり前のこととして受動態を用いる。その中にあって、日本語に独特の受動態として世界の注目を集めているのが「被害の受身」である。無標の受動態の中にあって、この被害の受身だけは有標である。

太郎の財布が盗まれた時には、太郎を主語にした受動態の文を作ることができる。太郎の娘が家出した時にも、太郎を主語にした受動態ができる。この「太郎」という被害者はどこから出現するのか。この謎を解くには、格助

詞が指示するのと同種の、図 2-6 のような「ウチ・ソト」の図式が有用である。

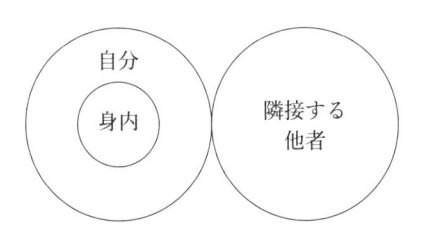

図 2-6　被害の受身と責任の使役の由来

図 2-6 は、図 2-4 からゼロ標示に関する部分を便宜上さし引いたものであり、事態の参与者たちがそれぞれに分を守って存在している状態を表している。被害の受身は、図 2-6 が示す常態が破綻した時に用いられる有標の受動態である。

被害の受身には 3 つの種類がある。①身内の被害を自分の被害と感じる場合、②身内が他者になってしまった場合、③自分ではなく隣接する他者に良いことがあった場合である。本書では、それぞれ「身内の被害」「身内の反逆」「隣接する他者の幸」と呼ぶ。

①身内の被害
(129)　太郎が財布を盗まれた
(130)　猫に花壇を歩かれた

②身内の反逆
(131)　太郎が娘に家出された
(132)　太郎が妻に倒れられた
(133) ??PC にフリーズされた／*PC に壊れられた／*車にエンストされた

③隣接する他者の幸
(134)　太郎が同僚に先に昇進された
(135)　先生に自画自賛された（＝自分をほめられた）

　①の「身内の被害」は、部分の変化を全体の変化と感じるという、先の「が・を」構文と同種の現象である。太郎の財布や太郎の花壇が被害に遭った時は、太郎自身が被害に遭ったと感じるのである。②の「身内の反逆」は、本来なら自分の意のままになるはずの身内が他者になってしまうことを言う。娘が家出する、妻が倒れる、などは自分が歓迎しない事態であり、自分は被害を受けた。これが日本的な感性というものである。③の「隣接する他者の幸」とは、なまじ近い関係にある他者に良いことがあった時には、相対的に自分が不幸になったと感じることを言う。このような心の働き自体は人間一般にありがちだが、日本語の場合はそれを文法に組みこんだのである。
　被害の受身は日本語に遍在するが、文脈に溶け込んでいて目だたないことが多い。次の(136)と(137)は身内の被害、(138)から(140)は身内の反逆の例である。英語訳と対照する。

(136)　邦子は、社長がじきじきに様子見に現れる不思議さよりも、芸能人の名前のようだといういかがわしさよりも、本人にすっかり興味を奪われていた　　　　　　　　　　　　　　　　　　［桐野:203］
　　　(Captivated as she was by his looks, she never wondered why the boss should be checking on her loan in person, or why he should have a flashy stage name like Jumonji.)　　　　　　　　　　　　［Snyder(訳):110］

(137)　「山の上の方にも、若葉を出している木がありますわ。」
　　　「そうだね。やはりあの木も、嵐に葉を吹き飛ばされたのかね。」
　　　　　　　　　　　　　　　　　　　　　　　　　　　　　　　［川端:63］
　　　("And some of the trees up the mountain are putting out new leaves."
　　　"So they are. I wonder if they lost their leaves in the typhoon.")
　　　　　　　　　　　　　　　　　　　　　　　　　［Seidensticker(訳):54］

(138) あたしだったら離婚するな。頭に来るなんてもんじゃないですよね。夫婦の貯金勝手に遣われたら。　　　　　　　　［桐野:26］

(If it were me, I'd divorce him. Nobody would ask any questions, not after he used up all the savings.)　　　　　　［Snyder(訳):13］

(139) いくらいい奥さまでも、夫に戦死されたことがないから

［川端:140］

(I don't care how good a wife she is, she isn't a war widow.)

［Seidensticker(訳):119］

(140) 起きて歩かれると、ばたっと倒れられそうで、心配ですよ

［川端:204］

(She gets up and walks around, and then starts breaking down again. I'm very worried.)　　　　　　　　　　［Seidensticker(訳):173］

責任の使役

　日本語にはまた、独特の使役態がある。本書で「責任の使役」と呼ぶ用法であり、これも図2-6で説明することができる。
　身内の行動や身内に起きたことは「自分」の責任である。そのため自分がそうさせたかのように表現するのであるが、意図的にそうしたのでないことは文脈からわかる。

(141) 花子が子供を火事で死なせた
(142) 太郎が目を光らせた
(143) こんなことで男をすたらせたくない

(141)は家族を目的語にした「が・を」文である。これを被害の受身の②の例と見て「花子が火事で子供に死なれた」と言うこともできるが、責任の使役の方が自分を責める気持が前面に出る。(142)は身体部位を、(143)は属性を目的語にした「が・を」構文の例であり、こちらは被害の受身で言うことはできない。

小説からも責任の使役の使い方が実感できる。

(144) 「不思議だね」と警察は一日ぶんの疲労をにじませた声で言った
［村上 2002:355］
("It certainly is," the policeman said, his voice tinged with an entire day's worth of exhaustion.) ［Gabriel（訳）:220］

(145) 赤いドレスをひるがえして玄関に走っていった ［吉本:18］
(She was in a rush and ran to the door, red dress flying.) ［Backus（訳）:11］

(146) そのことを体にしみ込ませた目をして歩いている ［吉本:30］
(I've always lived with that knowledge rooted in my being.)
［Backus（訳）:21］

(147) 井口は足先でドアを押さえ、するりと痩せた体を滑り込ませてきた
［桐野:256］
(..., pushing open the door with his foot and sliding his thin frame past her in one motion.) ［Snyder（訳）:139］

(148) サンダルを履いた弥生が音を響かせて歩いてくるのが気になった
［桐野:99］
(She was suddenly conscious of the clatter of Yayoi's sandals.)
［Snyder（訳）:53］

(149) 後ろでまとめた髪をほつれさせ、朝別れた時よりも猛々しく見えた
［桐野:157］
(Her hair was pulled back in a messy bundle, and she seemed somehow even more intimidating than at the factory earlier.) ［Snyder（訳）:85］

(150) 息子を戦争で死なせる年齢でもあった ［川端:129］
(And they were of an age to lose sons in the war.) ［Seidensticker（訳）:109］

(151) 社へも出ないし、ひまになったから、気をまぎらわせるために、白毛でも抜いているんだろうと、初めはうちの者も軽く見ていたんだな ［川端:129］
(He was at home with nothing to do, and at first his family didn't take

it too seriously. They thought he was just pulling out white hairs to keep himself busy. It was nothing to be all that worried about.）

[Seidensticker（訳）:110]

　責任の使役は日本語の文章に頻出するが、その多くは図 2-4 と図 2-6 が示す全体と部分の関係に起因する。「ウチ」の中で、「が格」要素から「を格」要素へと一方向に力が流れる。このように、日本語の他動性は小さい身内に対して発揮される。

　この「擬似他動性」は日本語の特徴であり、責任の使役と限らず「体をこわす」「目を見張る」「手を焼く」「心を砕く」など能動態にも見られる。つまり責任の使役の「死なせる」（使役態）と非意図的な「殺す」（能動態）、「息を凝らす」（使役態）と「息を呑む」（能動態）など、自動詞の使役態と他動詞とがほぼ同義である。この擬似他動性にこそ日本語の「が・を」構文の動機があり、日本語の本質がある。言い換えれば、日本語は「ウチ・ソト」の発想にもとづいて、ひたすらウチに起きたできごとを描写しようとする言語である。

　以上、この節では日本語の主語、目的語、基本構文、格助詞、態について論じた。特に後 3 者に関連して、「ウチ・ソト」の原則が文法に組みこまれていることを見た。

注
1　意味役割 semantic role; 動作主 Agent; 被動者 Patient; 原因 Cause; 経験者 Experiencer; 刺激 Stimulus; 主題 Theme; 道具 Instrument; 場所 Place
2　括弧はダウティが、これら e の項目をプロト役割に含めるべきか躊躇していることを表す。
3　厳密には、build の目的語は結果役割（Result）。結果は get 受動文の主語になれない等の制約がある点で通常の被動者と異なっている。例：*The museum got built

in 1980.
4 Taylor (1989) では無生物主語の文は他動性が低いと見なされているが、本書では原因性の強い場合には SVO らしいと考える。
5 非対格性の仮説は通常パールムッターの功績とされているが、ダウティによれば、すでにパーティ (Barbara Hall Partee) の博士論文 (Hall 1965) で提案されていた (Dowty 1991:605)。
6 自他交替の現象自体については Jespersen (1927) で、移動と状態変化を表す動詞 ("move and change class") に多く見られるという指摘がなされている (Jespersen:332–3)。
7 ヴィアズビッカは have a walk の walk などを動詞とみなす。しかし筆者の知人である母語話者 Jan Gordon に have a use of the dictionary を音読してもらったところ、use を [juːs] と名詞のように発音した。
8 He has fought the good fight と言うが、fight the enemy と言うことから fight は他動詞である (Jespersen 1927:234)。
9 Radden and Dirven では ?They played/drank/worked の例が挙げられている。
10 河上ほか (2001) では「受容者」。
11 建築の現場で大工仲間が Push me the hammer と言うことはある (Gregg Eiden 私信)。
12 Dixon (1991) では、① ?He noticed her to be Chinese と ② He noticed that she was Chinese が対比され、客観的で恒常的な特質の場合は②のみが容認可能とされる。
13 河上ほか (2001) の訳語を借用した。
14 この主張を受けて益岡 (2000) は「ガ格」「ヲ格」「ニ格」と意味役割の関係を考察している。
15 本居宣長 (久松ほか 1967:209–10) で「詞」「辞」という語が用いられている。
16 寺村 (1984) では尊敬態という態は設定されていないが、現在では一般的に尊敬態が設定されている。

第3章　英語の前置詞

　この章では英語の前置詞、特に on、from、to、over、at を中心とするいくつかの空間前置詞が、アングロ文化の特徴である直線思考を反映し支えていることを論じる。また、これらと関連づけて特に with と by、非空間前置詞の of と for についても解説する。

3.1　英語の空間前置詞が移動の因果関係を表す

　英語の前置詞の多くは2つのものの空間での位置関係を表す「空間前置詞」である。空間前置詞は意味を拡張して時間的な関係や抽象的な関係をも表すことが多い。非空間の前置詞には、after、during、until など時間前置詞（Lindstromberg 2010:15）や、of など抽象的な関係を表す前置詞がある。しかし空間か非空間かの分類は必ずしも自明ではない。たとえば本書では、with を空間前置詞に含め、for を空間前置詞から外して説明する。

　空間前置詞の研究はレイコフとジョンソン（Lakoff & Johnson 1980）のメタファー研究によって一挙に開花した。彼らの論点は、人は空間における身体経験を体で受けとめ熟知し、その知識をもとに、メタファーを介して抽象的なことがらを理解するということであった。中でも空間前置詞は、空間での体の向きといった身体経験の記憶を喚起する。このため、たとえば、上向きを表す空間前置詞 up と下向きを表す down を使った ups and downs of life などのメタファー表現は、人生の浮き沈みという抽象的なことがらをビビッドに伝えることができる。空間前置詞を礎とするレイコフらのこの考えは「身体的精神（embodied mind）」の標語とともに広く知られるようになり、空間

前置詞は認知言語学の一翼を担う定番のテーマになった。

　定説では、身体で知った知識は抽象的なイメージ・スキーマの形で話者たちに共有される。「容器のスキーマ」「部分／全体のスキーマ」「中心／周縁のスキーマ」「起点／経路／目標のスキーマ」などがそれである（Lakoff 1987）。当然ながら前置詞の意味もイメージ・スキーマであることになり、タイラーとエヴァンズ（Tyler & Evans 2003）、リンドストロームバーグ（Lindstromberg 1997, 2010）などでもイメージ・スキーマが多用されている。

　本書では、いくつかの空間前置詞が「道を歩く」に類する経験を分業的に指示することに注目する。つまり個々の空間前置詞の意味を理解するには、高度に抽象的なイメージ・スキーマよりも、人や場所が登場する程度に具体的な「イメージ」の方が有用であると考える。ただし個々の空間前置詞を繋ぎ合わせれば、図 3-1 のような因果の図式が浮かび上がり、こちらは認知言語学の「起点／経路／目標のイメージ・スキーマ」に対応する。

　図 3-1 は、時制と相の体系に組みこまれていた客観時間の流れ、および基本構文の体系に組みこまれていた因果の前後関係と同じものが、空間前置詞にも組みこまれていることを示している。時間の中で移動を起点から着点まで見通すことは、時間の中でできごとを原因から結果まで見通すのと同じ「ものの見方」である。この直線性は英文法の特徴であり、アングロ文化の思考様式の特徴でもある。

（時間が流れる現実空間）

起点　　　　　　着点
●　⇒　⇒　⇒　●

図 3-1　空間前置詞が指示する因果の図式

　道を歩くことは、移動という因果関係を経験することである。それ自体は生物としての人間に共通した経験であり、英語に限らずどの言語の話者も「知って」いる。移動を表す語彙は英語にも日本語にも備わっている。しかし英語の場合はこの経験を内容語で表現するだけでなく、空間前置詞でこれ

を指示し、前置詞を使うたびに身体で知った感覚が呼び起こされる仕組みを作ったのである。この点で英語と日本語は大きく違っている。

　何であれ経験はさまざまな角度から眺めることができるため、1つの前置詞が多様な意味を表すことになる。そうやって得られた意味を名詞や動詞と同じように概念的に記述しようとしてもうまくいかない。しかし、前置詞が指示する経験を思い描くことさえできれば、その一見バラバラな意味はまとまりを呈してくる。

　まず、前置詞が人物の動作や位置関係をありありと伝えることを次の例で確認しよう。

> The man across from him was yawning and looking out the window. Now he turned his gaze on Myers. He took off his hat and ran his hand through his hair. Then he put the hat back on, got to his feet, and pulled his bag down from the rack. 　　　　　　　　　　　　　　　　　　　　　　［Carver:55］
> （向かいの男はあくびをしながら窓の外を見ていたが、次にこっちを向いてマイヤーズをしげしげと見た。帽子を脱ぎ、手で髪を整え、また帽子をかぶり、立ち上がって鞄を棚から下ろす。）

英文では前置詞が、男と Myers、男と窓、男の視線と Myers、男と帽子、男の手と髪、男と足、鞄と棚、の空間的な位置関係を臨場感豊かに伝える。日本語訳ではこの2項対立的な空間関係は消え、「向かいの男」「窓の外」「しげしげ」「脱ぐ」など1つの対象を描写する表現に変わっている。

　英語は数多くの前置詞を備えている。しかし現実のすべてを言語化することは不可能な業であり、アングロ文化にとって重要なこと、英語が表したいこと、が選ばれているに違いない。そこで英語の前置詞を見ると、その多くが、まるで分業するかのように、直線的な移動の諸局面を指示していることに気づく。つまり、おもな前置詞の指示対象を合わせると「道を歩く」という経験が浮き彫りになる。歩く人の回りの空間も分節され名づけられている。3.1.1 と 3.1.2 ではこれらの前置詞を中心に解説する。

3.1.1 道を歩くあの感じ

　空間前置詞の on、from、to、over、at は、一歩一歩、道を踏みしめて前に進む時の身体感覚を指示する。加えて off、in、out、up、down などもまた、身体の向きや位置を指示する空間前置詞であり、空間移動の経験と関連づけて理解することができる。これらはどれも古英語(700〜1100)以来の歴史をもっているが、このうち out、up、down では副詞用法が先にあり、前置詞用法は中英語(1100〜1500)以降に発達している。

大地に立つ on

　on は基本的に、何かの上に乗っている状態を指示する。人が何かの上に乗る時には、その何かと接触しており、重みを預けており、その何かは自分より大きい。on はそのような経験をまるごと喚起し指示するインデックスである。

　では何の上に乗るのだろうか。母親の膝の上に乗っている時期は短く、記憶も薄い。その経験を文法化する理由も特になさそうだ。そこで、人の全生活を支える基盤として大地に注目し、大地に立つ経験を標準値とみなすことにする。その場合は、Father was standing on the porch（父が玄関口に立っていた）などが典型例ということになる。

　経験は角度を変えて眺めることができるため、垂直の状態から 90 度回転して絵が壁にかかっている状態も、180 度回転してハエが天井にとまっている状態も on で表すことができる。時には The dog is on the chain（犬は鎖につながれている）のようにやや不思議に思える場合もあるが、接触と大小の感じがかろうじて成り立っている。The chain is on the dog にすると大小が逆転し、犬が首飾りをしているイメージになってしまう。

　他の前置詞についても言えることであるが、on が伝える接触、重み、大小という特徴は、空間と限らず時間や抽象的なことがらにも適用される。「大地に立った時の感じに似ている」と思えることが重要なのである。したがって、たとえば He talked on global warming（彼は地球温暖化について語った）と He talked about global warming を比較すると、on の文では「彼」が専門

知識や資料にもとづいて、いわばそれに「乗っかって」、その範囲から逸脱することなく語ったという趣がある。これに対してaboutの方は、それに関することをあれこれと語った感じがする。

　本書が自らの直観と「道を歩く」の理論にもとづいて導いたこの見解は、母語話者たちの証言と整合する。

> We use *about* to talk about ordinary, more general kinds of communication. *On* suggests that a book, talk etc is more serious, suitable for specialists.　　　　　　　　　　　　　　　　　　　　　　　　　　　　[Swan:3]
> （aboutは普段の一般的な談話について語るのに用いる。onは本や話がより本格的で専門家に向けたものであることを示唆する。）

> ... *ON* very often signifies 'contact' ... When this meaning is harnessed for topic marking ... , *ON* quite naturally contributes the nuance of definite 'contact' with the subject material.　　　　　[Lindstromberg 2010:141]
> （onは「接触」を表すことが多い。……この意味がトピック標示と結合すると、onはしごく当然のこととして、テーマにぴったり密着し「接触」している感じを醸し出す。）

> In contrast with *at*, the use of *on* in area expressions presupposes longer and more profound contact with, preferably, a mental area: thus one can be "an expert at repairing pianos" in the sense that one practices this oneself, but be "an expert on (repairing) pianos", which implies knowledge about the area, which may be the specific field of piano repairing or the more general field related to pianos in general. ... Serious, profound mental activity requires *on*: ... As against all these more "specific" conceptualizations of area, the expression of area by means of *about* tends to be that of a "dispersive" or a "discursive" area. This may be based on the fundamental sense of "movement in all directions", ...　　　　　　　　　　　　　　　　　　　　　　　　[Dirven:88–9]

（at と対照的に、領域を表す on は本来、精神的な領域に長く深く接触していることを表す。このため an expert at repairing pianos は自らピアノを弾く人であるが、an expert on (repairing) pianos はピアノ修理の知識、あるいはピアノ一般に関する広い知識を有する人である。……本格的で深い精神活動には on を用いる。……これらの［on、over、of を用いた］表現が領域を「特化」し概念化するのに対し、about を用いた表現は「分散的」で「散漫」な領域を表す傾向にある。これは about が基本的に「あちこち移動すること」を意味するためと思われる。）

次の表 3-1 と表 3-2 は、話しことば 1,000 万語と書きことば 9,000 万語を合わせた約 1 億語の BNC（British National Corpus）のデータから、talk on、talk about と共起する名詞を比較したものである。全データ中の talk（名詞および動詞）の生起数 39,052 のうち、前置詞との連語でもっとも高頻度のものは talk about の 11,087、次いで talk to の 7,879、talk of の 2,198 であり、talk on は 685 であった。この数字からは、talk との連語では圧倒的に about が好まれることが分かる。内容的にも talk on に後続する名詞が抽象名詞、通信手段、日、場所に限られるのに対して talk about X の X は多岐にわたっている。

表 3-1 「talk（名／動）on ＋名詞」の連語トップ 20

future, 38	border, 9	radio, 8
issue, 24	July, 9	relation, 8
subject, 23	June, 9	security, 8
phone, 18	agreement, 8	topic, 8
telephone, 18	dispute, 8	Aug., 7
day, 11	May, 8	co-operation, 7
trade, 10	Oct., 8	

表 3-2 「talk（名／動）about ＋名詞」の連語トップ 20

thing, 194	day, 55	future, 44
people, 127	man, 52	experience, 43
work, 77	money, 51	family, 40
time, 76	year, 51	job, 40
problem, 70	sex, 50	school, 36
life, 56	woman, 49	need, 34
way, 56	child, 48	

　これとは対照的に、lecture（名詞および動詞）に関して同様の検索をしたところ、lecture 全 3591 中で lecture on は 385、うち subject との連語が 18、次いで art が 7、aspect、chemistry、danger、history、topic が各 6、course、philosophy が各 5、geology、group、law、physics、stylistics、work が各 4 認められた。一方、lecture about は生起数が 28、うちトップが need、thing との連語 2～3 例にすぎず、lecture（専門的な内容を講義する）という意味と前置詞 about が意味の上でそぐわないことが窺えた。

　on に話を戻すと、次の例では、on の伝える大小の感じが距離感に通じている。

（1）　We're still eating <u>on</u> that shoulder. 　　　　　　　　［Mason:46］
　　　（あの肩肉、まだあるのよ）
（2）　The landlord ordered cut down <u>on</u> heat, cut down <u>on</u> hot water.
　　　　　　　　　　　　　　　　　　　　　　　　　　　　［Malamud:150］
　　　（家主は暖房費の節減と、お湯の節約を命じた）　　　　［邦高（訳）:144］
（3）　He turned a dial and pushed down <u>on</u> a lever. 　　　［Carver:156］
　　　（機関士はダイヤルを回し、レバーをぐんと下ろした）

（1）は、遊びに来た友人に、サンドイッチでも作ってあげようかと尋ねる場面である。前置詞のない We're still eating that shoulder が、肉がどんどん消費されることをイメージさせるのに対して、（1）では on が「肩肉」に場所

のイメージを付与するため、大きいものに齧りついて食べているがなかなか消費できないといった距離感が出ている。(2) でも、cut down a tree（木を切り倒す）などの「木」が倒されてしまうのと比べて heat と hot water の全体量への影響が小さいことを on が合図する。これを cut down of heat にすると空間の関係は消え、heat が目的語であるという文法関係だけが表現される。(3) では、体重を預けてレバーを下ろした様子がイメージできる。この機関士にとって、レバーは心理的に大きな存在なのである。

　人が on の補語になることもある。その時には、人を大地に見立てている。

（4）　My daughter is ... so pretty that everybody looks on her when she passes by in the street.　　　　　　　　　　　　　　　　　　　［Malamud:5］
　　　（私には娘が1人おります……ずいぶんきれいなもんだから、街ですれちがうとみんな目を止めて見るほどなんです）　　　［邦高(訳):11-2］
（5）　She had changed the number on him.　　　　　　［Baxter 1985:7］
　　　（彼へのあてつけに、電話番号を変えたのだ）　　　　　　［田口(訳):23］

(4) の look on は、彼女の顔を表面に見立てて、そこに人々の上からの目線が乗ったと言っている。見る側に彼女自身への関心があるわけではなく感情の動きが感じられないという点で look at と違う。また、助けを求めてすがるように、あるいは遠くをまっしぐらに見る look to とも違っている。距離感としては look at、look on、look to の順で遠くなる。

　(5) は、宗宮ほか (2007) で「踏みつけの on」と呼んだ用法である。たとえば My boyfriend walked out on me（ボーイフレンドに捨てられた）、She hung up on him（彼女が彼と電話中に一方的に電話を切った）、My computer crashed on me（パソコンが壊れてしまった）などもこの類であり、この時の me や him は被害者である。しかし on が「大地に乗る感じ」を指示することに変わりはなく、「被害」というのは文脈に応じた解釈にすぎない。同じ on を使った The champagne is on the house（シャンパンは当店のサービスです）では、「大地」は頼もしい存在である。

look on に続く名詞が大地のような「面」であることはコーパスでも確認できる。動詞 look は at との連語が突出して多く、BNC では動詞 look 全 108,644 のうち look at 27,065、look for 8,193、look like 5,848、look after 4,361 と続く。次に look to が 5 位で 1,389 の生起数を示し、look into 1,353、look in 1,091、look through 555 に次いで look on は 9 位で 461 である。この 461 例を連語や例文のレベルまで降りて検索すると、look on の特質が look to や look at と対照的に浮き彫りになる。

表 3-3 「look 動 on ＋名詞」の連語トップ 20

side, 75	people, 4	paper, 3
card, 6	tear, 4	point, 3
face, 6	course, 3	screen, 3
page, 6	dark, 3	shelf, 3
map, 5	house, 3	thing, 3
job, 4	kind, 3	verge, 3
mother, 4	list, 3	

表 3-3 が示すように、look on との連語は look on the bright side が圧倒的に多く、positive/ dark/ black side などもある。card、face、page、map はどれも面であり、吟味しようと視線が降りてくる場所である。look on their job as a means of expressing themselves、look on her as her mother など「〜とみなす」の意味も目立つ。その他の、look on these situations from their point of view から point をカウントしてしまった等のノイズは無視できる。

look on に対して look to は、全 1,389 例中で第 1 位の future が 127 と突出しており、第 2 位の right（右）の 19 を大きく引き離している。この right の他に left、north、west が上位に登場することは、1 つの方向を見つめる to の意味と整合する。その他では look to governments as problem-solvers、look to television as an alternative source of revenue など、救いを求めてまっしぐらに見る様子が to で表される。一方、look at との連語は多岐にわたり、共起する名詞から判断することは困難である。at については後述する。

ダイナミズムの由来

「乗っている」というイメージに加えて、on には「活動」のイメージがある。The light is on は灯りがついていること、The news turned me on は「私」がその知らせに興奮したことを表し、どちらも活動的である。on を off と入れ換えると、灯りは消え、「私」はしらけ、つまり活動は休止してしまう。

次の例では、心配ごとが多くて頭が活発に動いていることを on が表している。

（6）　My God, if I didn't already have so many things on my mind, I could have a nervous breakdown right here.　　　　　　　　　　　［Carver:151］
　　　（やれやれ、頭の痛いことがまた１つ増えたよ。神経が参っちゃうね）

このような on の活動性は in と対照的である。たとえば What's on your mind?（何をしようとしているの？）には、やがて考えや企てが実行される感じがある。一方 What's in your mind?（何を考えているの？）の方は、すでに起きたことについて理由を聞くか、いずれにしても考えの内容に関心がある。in の場合、考えは心の中にとどまっている。

次の例は活動の開始に言及している。

（7）　"I'm not telling stories to people who don't believe them," Sam said.
　　　"Come on," she said.　　　　　　　　　　　　　　　［Beattie 1974:11］
　　　（「信じない人にはお話なんかしないさ」とサムが言った。
　　　「お願いよ（お話して）！」と女の子が言った）

（7）の Come on は、早く活動の舞台に上がれ、とでも言っているようだ。この他にも Put her on. Put her on!［Baxter 1985:14］（彼女を出してくれよ。出せよ！）［田口（訳）:32］などがあり、こちらも電話に出すことを活動の舞台に乗せるイメージで捉えている。

道を歩く

いったん活動の舞台に乗ったら、降りずに活動を継続する。

（8） The Englishman's voice droned on.　　　　　　　［Carver:224］
　　　（イギリス人のアナウンサーの声がだらだらと続いていた）
（9） Go on now. Keep it up.　　　　　　　　　　　　［Carver:227］
　　　（さあ、つづきをやろうよ。この感じでいいから）　　［村上（訳):183］

この他にも on and on（どんどん）、on and off（断続的に）、keep on 〜 -ing（〜し続ける）、move on（先に進む）などで、on は活動の継続を表す。

これまでの観察をまとめると、on は大地に立って継続的な活動をするという経験を指示する。特に、The blind man, ... was on his way to spend the night［Carver:209］（盲人が私の家に泊りに来ることになった）［村上（訳):155］、I'm on my way（今、行きます）、He is on the road（彼は地方回りをしています）など、大地が「道」である時には、on ははっきりと移動を表す。さらに以下で見る from、to、over、at 等を合わせて観察すると、on が含意する「大地」とは「歩く道」であり、英語が文法に組みこんだ「継続的な活動」とは、起点から目標に向かって歩くことだと判明する。

「道を歩く」と類似の見解がリンドストロームバーグ（Lindstromberg 1997）で表明されている。まずは例文を引用する。

（10） As they carried *on toward* the setting sun, the travelers kept gazing back over their shoulders *toward* a rising yellow moon. ［Lindstromberg 1997:59］
　　　（落日に向かって歩を進めながら、旅人達は肩越しに後ろを振り返り、昇ってくる黄色い月を見つめた）

この例文（10）で、2つの toward はどちらも体の向きを表すのみで目標を表すことはない。それに対して on は、目標が明示されてはいないが確かに存在し、その目標に向かって進んでいる最中であることを表す（Lindstromberg

1997:59)。

　リンドストロームバーグはさらに、on の主要な意味は古英語の時代から用いられている(1)接触、(2)活動の継続、であるとした上で、これら 2 つの意味は She's on her way here(彼女は今こちらに向かっている)という文にもとづいて関連づけられると言う。次の引用文中、on^t は「touch(接触)の on」、on^c は「continue(継続)の on」の意味である。

> That is, we think of the way, or path, between start and end as a narrow, strip-like surface which one can be on or off. If you are not 'on^t' the way, you are not moving toward the destination. *Being on^t the way*, then, seems naturally to imply movement along a route toward a destination, i.e., on^c.
> 〔Lindstromberg 1997:67〕

(つまりわれわれは、起点と終点の間の道(way)すなわち経路を、人が乗り降りできる狭くて細長い表面とみなしている。道に乗って(on^t)いなければ、目的地に向けて移動してはいない。このことから、「道に乗って(on^t)いる」ことが、目的地に向けて道を進んで(on^c)いることを自ずと含意すると思われる。)

　リンドストロームバーグの理由づけが成功したかどうかはさておき、「接触の on」と「継続の on」が同一の前置詞であるという見方は正しい。

　移動は、状態変化と並んで英語がもっとも表したい経験である。そのことは、英語に SVOA 構文が存在することや、歩くことを表す様態動詞が多数あることからも窺える(「歩く」系の様態動詞については第 4 章の注 2 の例を参照されたい)。空間前置詞が移動を分業的に表すのも、英語の本質を示唆している。

起点の from と目標の to

　歩く時の起点を指示する from には距離感がつきまとう。Paper is made from wood(紙は木材から作る)など「原料の from」と呼ばれる用法では、紙

はすでに木材ではなく、I'm from London（ロンドンの出身です）でも、「私」はもうロンドンにいないからである。

　移動の起点を指示する from は実際の移動がない場合にも用いることができる。

(11) There were some new pictures from work that Lynnette was telling him about now. 　　　　　　　　　　　　　　　　　　　　　［Mason:39］
（リネットが、仕事場で見た新しい写真のことを彼に話しているところだった）

写真屋で働くリネットは、客の現像写真を見てはあれこれ想像する癖があった。(11)では写真自体を自宅に持ち帰ってはいないのだが、職場から自宅までという移動のダイナミズムと距離感を from が伝えてくる。

　次に、歩く時の目標を指示する to は、わき目も振らず真っすぐに目標に向かう感じを伝える。それ以外の状況でも、たとえば人間関係の場で、譲歩して相手の提案に従うような場合に to を用いて I agreed to his request（彼の要求を受け入れた）などと言うのはこの一方向性ゆえである。I agree with him（彼と同じ意見です）では双方向性が含意される。

　何であれ、目標を定めてそれに向かう感じがあれば to の出番である。

(12) Marty, you've gotta come with me—back to the future! 　　［Gipe:247］
（マーティ、一緒に来てくれ、未来に戻らねば！）

(13) He and I listened to the weather report and then to the sports roundup.
　　　　　　　　　　　　　　　　　　　　　　　　　　　［Carver:219］
（彼と私は二人で天気予報を聞き、スポーツ・ダイジェストを聞いた）
　　　　　　　　　　　　　　　　　　　　　　　　　［村上（訳):171］

(14) Dick didn't die of shock, he was stabbed—stabbed to the heart, and there is no weapon. 　　　　　　　　　　　　　　　　　　［Christie 1985:25］
（ディックはショック死ではなく、心臓を刺されていたのだ。だが、

　　　　武器は見あたらない）
(15)　I have a key to the building.　　　　　　　　　　　　[Baxter 1985:11]
　　　　((正面玄関を入る)鍵を持ってる)　　　　　　　　　　[田口(訳):28]

　(12)から(15)では、未来を目指す姿勢、音の方向に注意を向ける様子、ナイフが心臓めがけて突き刺さった様子、鍵が玄関の鍵穴にすっと合う感じ、といった直線性が to で表されている。この他にも an interpreter to the Government(政府専属の通訳)、We stood rooted to the spot in amazement [Christie 1985:23](驚いて立ちすくんだ／足が地面に釘付けになった)など、to は、水平であれ垂直であれ、直線で繋がっているイメージを伝える。

　目標と着点を指向する to に対して、towards は大まかな方向性を表し、over は道程に焦点を当てる。

(16)　He was moving towards her across the grass.　　　　　[Christie 1985:24]
　　　　(彼は原っぱを横切って彼女の方へ向っていた)
(17)　Dr. Symonds came over to the girl.
　　　　"We must get her to the house," he said.　　　　　　　[Christie 1985:26]
　　　　(ドクター・シモンズが彼女のところに駆けつけてきた。
　　　　「家に運ばなくては」と彼は言った)

　(16)は、「彼」が神秘的なダイアナの姿に我を忘れてふらふらと近づく場面である。この直後に倒れてしまい、目標には届かなかった。(17)ではダイアナが気絶して倒れている。ドクター・シモンズがあたふたとやって来たことを over が伝え、到着を to が表す。早く家に着かなくては、という気持を表すのも目標指向の to である。

一歩踏み出す over
　over の意味は、歩く時の動作を連想すると分かりやすい。両足がアーチを描いて地面を覆い、それを繰り返して前進する。これは二足歩行に独特の動

きである。

　over は従来、その不可解な多義性ゆえに研究者たちの関心の的であった (Brugman 1981; Lakoff 1987; Wege 1991; Bennett 1997)。たとえば a lamp over the table では電灯がテーブルの上方に浮いており、a cloth over the table ではクロスはテーブルに接触している。a butterfly over the garden では動きがあり、a bridge over the river では静止している。live over the hill では丘を越えた地点を指し、walk over the hill では丘をまだ越えていない。前置詞はどれも不思議ではあったが、over は特に多義的で研究者泣かせに思われた。しかし「道を歩く」経験が文法化されていると考えれば、謎は解けるのである。

　over は、「アーチ状の起伏をなして覆う」という局面あるいはその局面の一部分を指示する。たとえば They gazed over the valley（谷を見渡している）では、over が谷の凹型の形状を想起させ、「彼ら」が谷を上方から「覆うように」見渡していることが理解できる。これは They gazed across the valley（彼らは谷の向こう側を見つめている）で、across が水平の方向性と着点を強調するのと対照的である。over は「アーチ状」つまり丘、川、谷、溝、など凸凹のある地形を見渡したり、そこを越えて行ったりする情景と合う。He glanced uneasily over his shoulder ［Christie 1985:21］（彼は不安そうに肩越しに周りを見た）でも、肩を凸型の障害に見立てている。

　次の(18)には over が2つ登場する。

(18)　Elliot Haydon reached his side, knelt by him and turned him gently over. He bent over him, peering in his face.　　　　　　［Christie 1985:24］
　　　（エリオット・ヘイドンは彼の傍らに行き、膝をついて彼の体をひっ繰り返した。覗き込んで、顔をよく見た）

1つめの over は、うつぶせに倒れている人の体をぐるりと返すことを表す。その時には体がアーチを作りだす。これは turn over the page（頁をめくる）の over と同じである。2つめの over は、仰向けにした人の顔を上方から覆いかぶさるように見る姿勢を言う。これら2つの over を概念的に「ひっくり

返す」と「上から見る」と捉えると over の意味を見失う。しかし、歩く動作を指示しているのだと理解すれば、ごく自然に整合する。

　何かにつまづく時にもアーチができる。

(19)　He would be looking at the girl, of course, and when it is moonlight one does trip over things.　　　　　　　　　　　　　　　［Christie 1985:31］
　　　（当然ながら彼は女性に目を奪われていたことでしょう。しかも月の光の下では、物につまづくこともあるわ）

つまづいて倒れてしまう時も含めて、「おっとっと」と体が宙を泳ぐ時には体がアーチを描く。こうして「ひっくり返す」「頁をめくる」「つまづく」という、概念的には無関連の動作がどれも over で表されることになる。

　アーチ状でなくとも覆う関係があれば over が合う。

(20)　The blind man felt around over the paper. He moved the tips of his fingers over the paper, all over what I had drawn, and he nodded.　［Carver:227］
　　　（盲人は紙の上をさっとなでまわした。そして指の先でゆっくりと紙の上の私の描いた線をなぞり、こっくりと肯いた）　　　［村上（訳):184］

「私」が厚紙に鉛筆を押しつけて大聖堂を描いた。その鉛筆の跡を追って、盲人の指が動く。このように線をなぞることは、道を歩くことと似ている。紙のくぼみをなぞる場合はなおさらである。抽象的な do it over（もう一度やる）なども、次元の違いはあっても、なぞることに似ている。

　もちろん時間にも応用して Over the years, she put all kinds of stuff on tapes and sent the tapes off lickety-split. [Carver:211]（何年も何年も、彼女は我が身に起こったこと洗いざらいをテープに吹きこんでは、片っぱしから送りつづけた）［村上（訳):158］と言う。この英文には、始めの年と現在とを橋のように結んだイメージがある。その年月を覆うかのように、その間に起きたさまざまなことを乗り越えて友情が続いていることを over が伝える。その「橋」

を渡りきったことに注目すれば My life was <u>over</u>, and it would never come back, everything that I loved— ...［Cheever:497］（私の人生は終わってしまった。もう二度と戻らないだろう。私が愛したすべてのもの—）［川本（訳）:239］などと言う。こうして概念的には無関連の「なぞる」「もう一度」「何年も何年も」「終わった」が over によって表される結果になる。

今ここにいる at

　道を歩いていて、「あっ」と傍らの何かに目をとめる時がある。「やれ、ここまで来た」と思う時がある。at はそのような「活動」「間近」「外の視点」「段階」をすべて含んだ全体を表す。つまり at は「途中のここにいる」という経験を指示する。

(21)　It's eleven o'clock Sunday morning, and I'm <u>at</u> the Empire Diner.
　　　　　　　　　　　　　　　　　　　　　　　　　　　　　　［Beattie 1979:75］
　　　（今は日曜の午前 11 時。エンパイア・ダイナーに来ています）
(22)　I liked the incandescence of the sky <u>at</u> high altitude.　　［Cheever:491］
　　　（高度の高い空の、真っ白な輝きが好きだった）　　　　　　　［川本（訳）:230］

(21) と (22) では、他ではないここに、今だけいる感じを at が伝える。この他にも Turn left <u>at</u> the bank（銀行を左に曲がって下さい）、<u>At</u> these words, he left（こう言われて彼は立ち去った）、The storm was <u>at</u> its worst（嵐は最悪の状況だった）など、at は諸々の建物、ことば、局面などをやり過ごした後に「いろいろあったが今はここ」とばかり、他を排除して 1 つに焦点を当てる時に用いる。Come and see me <u>at</u> break（休み時間に来てくれ）も、休憩時間を仕事中の 1 つの段階として捉えている。つまり at は外から全体を見た上で、その中の 1 つに間近から注意を集中することを表す。

　道を歩く人はいつまでも「ここ」にとどまってはいない。同様に、局面は必ず変化し、「1 つの段階」は長くは続かない。嵐はいつまでも最悪のままではなく、She's good <u>at</u> all games［Christie 1985:95］（彼女はどんなゲームもう

まい)、We met at the party(私たちはそのパーティで知り合った)のゲームやパーティなど活動も、さほど長くは続かない。

　間近で1つに注意を集中することから、at には対象に向かう感情がこもる。

(23)　My wife looked at me, her mouth agape.　　　　　　　[Carver:217]
　　　(妻はあっけにとられたようにぽかんと口をあけて私を見た)
　　　　　　　　　　　　　　　　　　　　　　　　　　　　　　[村上(訳):168]
(24)　I stared hard at the shot of the cathedral on the TV.　　[Carver:224]
　　　(私はテレビに映った大聖堂をじっとにらんだ)　　　　　[村上(訳):179]
(25)　Or suppose Miriam, who harped so often on independence, blew up in anger and shouted at him for his meddling?　　[Malamud:4]
　　　(あるいは、ひょっとして、すねかじりはいやだと、しょっちゅう口うるさくいっているミリアムに激昂されたあげく、お節介はまっぴらだと、どなりつけられるかもしれない)　　　　　　　[邦高(訳):10]

　先の例文(4)の look on が無感情だったのと対照的に、look at は inquiringly や curiously との連語で用いられることが多い。表 3-4 は、BNC での前置詞 at の生起例 465,764 のうち look at が突出して多いと同時に、stare、aim、work、glance、smile、laugh などとの連語が上位を占めることを示している。これらは熱意や感情を含意する動詞であり、ここから類推的に look at の意味が理解できる。

表 3-4　「動詞 + at」の連語トップ 20

look, 27065	stand, 1610	laugh, 1066
be, 15567	glance, 1431	live, 914
stare, 3368	hold, 1420	meet, 880
arrive, 3292	smile, 1346	appear, 853
aim, 2941	stay, 1291	play, 832
work, 1922	sit, 1259	make, 819
start, 1692	do, 1154	

次の例は擬人法である。eat でなく eat at と言うことで敵対感が増している。

(26) Anger can eat at you. ［Kimber:35］
　　　（怒ると体に悪いよ）

up と down

　ここまでで、on、from、to、over、at が、道を歩く時に必ず経験することを分業的に指示することを見た。しかし、空間移動には、丘に登る、森に入る、通り抜ける、野原を横切る、等々の経験もある。英語はそれを指示する前置詞も備えている。そこで、特に up、down、in、out に絞って、先の5つと関連づけて述べることとする。

　本来、up と down は体を起こしたり寝たり、段を上がったり下りたりという上下の関係を表す。移動を表すにあたっても、川の上流と下流、地図の北と南など、少しでも上下の関係が認められる場合には up と down を厳密に使い分けなければならない。

　時間については、通常、過去から未来に向かうことを up to now（今まで）などとして up で表すが、まれに、長い時間を川の流れに見立てて She's lived here in her hometown from 1901 right down to the present day ［Lindstromberg:194］（彼女はこの故郷に1901年来今日までずっと住んでいる）などと言うこともある。この時には現在が「下流」に相当する。

　水平の空間移動の場合には、There's a gas station up/down this street（この通りを行ったところにガソリンスタンドがある）など、up と down はどちらも「行く先」を表す。しかし実際には、行き先のイメージに応じて使い分けがなされている。以下ではそれについて述べる。

未知への到達を表す up

(27) The conductor looked up the track. Then he glanced back in the direction the train had come from. ［Carver:156］

（車掌は行く手の線路を注視し、それから列車がきた方向を振り返った）

(28)　I told him that I was going to walk up to Tanners Point, and he said that he would come with me.　　　　　　　　　　　　　　　　[Cheever:17]
　　　（彼に、これからタナーズ岬まで歩こうと思っているといった。彼はいっしょに行きたいといった）　　　　　　　　　　　　　　　　［川本（訳）:33］

(27)で車掌が look up したのは電車の進行方向である。このように未知の場所に向かう気持を表す時には up を用いる。(28)では少し遠くまで散歩することを up で表している。タナーズ岬に到着することが目的である。

　空間以外の用法においても、catch up with ...（〜に追いつく）、coming up soon（近日公開）、update、（更新する）、show up（現れる）、blow up（だめにする）など、up は未知の領域に到達することや変化を含意する。

(29)　It was like nothing else in my life up to now.　　　　　[Carver:228]
　　　（それは生まれてこのかた味わったことのない気持ちだった）
　　　　　　　　　　　　　　　　　　　　　　　　　　　　　　［村上（訳）:185］

(29)では過去から現在に向かう時間を up が表している。先の down to the present day などの down が大まかな時間の流れに言及するのに対して、to と結合した up to は「いつまで」という区切りが明確な場合に用いる。これは He came up to me などの空間的な用法を時間に適用したものであり、空間の中で相手が近づくにつれ相手の身長が高く見え自分の視野がふさがれるのと同じように、時間の中で過去と現在がつながり、隔たりがふさがることを表している (Lindstromberg 1997:184–5; 194)。

既知での活動を表す down

　up が時間や抽象へと意味を拡張するのに対して、down はもっぱら空間的な関係を表す。特に、見慣れた場所や近くの場所に行く時、あるいはすでに

その場所にいる時には down が用いられる。しかもその場所で何らかの活動をすることが目的である場合が多い。

(30) I walked down the driveway to shovel some of the gravel ...
　　　　　　　　　　　　　　　　　　　　　　　　　　[Beattie 1979:75]
（ドライブウェイに出てショベルで砂利をすくった）

(31) When I was down here last year we got into the habit of discussing unsolved mysteries—there were five or six of us. [Christie 1985:88]
（去年ここに来た時に、皆で未解決のミステリーの話をするようになったの。そうね、5、6人いたかしら）

(32) I claim to enjoy walking down Hollywood Boulevard on a Sunday afternoon. [Cheever:495]
（日曜日の午後、ハリウッド大通りを散策することでさえ楽しいといえる）　　　　　　　　　　　　　　　　　　　　　　　[川本(訳):236]

　(30)では、自分の敷地内の道を歩き、その行き先で砂利すくいという活動をする。(31)では、去年も来て知っている場所を down で標示している。この場所は自分が今いる場所であり、活動の場である。(32)でも、ハリウッド大通りはなじみのある場所である。ここを歩いてどこかに着くことが目的ではなく、ここを歩くこと自体が目的である。

　まとめると、水平の移動に関しては、up は未知（の場所への到達）、down は既知（の場所での活動）という意味上の棲み分けがある。He walked up and down the street（彼は通りを行ったり来たりした）で、up が「行く」、down が「行った道を戻る」のような気がするのはこのためだ。先の There's a gas station up/down this street においても、up が「この道の先」、down が「この道沿い」にガソリンスタンドがあると言っているような、遠近のイメージの違いがある。

in と out

　in は、何かの中に入りこんで起点も目標も見えない状況を指示する。I walked to school in the rain［Kimber:82］(雨の中を歩いて学校へ行った)、She was in tears(彼女は涙ぐんでいた)など、雨や涙で前がよく見えない時は in の出番である。

(33)　We dug in. We ate everything there was to eat on the table.　［Carver:217］
　　　(我々はまさにかぶりついた。テーブルの上にある食べ物と名のつくものは残らずたいらげた)　　　　　　　　　　　　　　［村上(訳):168］

先の eat on that shoulder が肉の上に「乗って」いる感じであるのに対して、(33)では食べ物の中に「入って」いる。妻の長年のペンフレンドで、盲人で、という初対面の客とのぎこちない会話の後で、主人公が気持の逃げ場を食べ物に求める場面である。食べ物だけが彼の世界になっている。

　何かの中に入ると外がよく見えない。しかし視点を変えれば、何かの中に入った人は外から見えなくなってしまう。その時には、その人が入っている「容器」だけが見えて、容器と人が一体化する。たとえば dance in a circle が、「輪の中で踊る」の他に「輪になって踊る」とも読めるのはこのためだ。She's in white(彼女は白い洋服を着ている)は、白い洋服の中に彼女がいるのだが外からは白しか見えない、と言っている。write in longhand(手書きする)でも、文字の中に人がいる。文字はその人の実現形である。pay in cash(現金で払う)、come in person(本人が来る)の in も同じである。

　次の例でも、「彼女」は今や塊にしか見えない。

(34)　She fainted dead away, falling in a crumpled heap on the grass.
　　　　　　　　　　　　　　　　　　　　　　　　［Christie 1985:25］
　　　(彼女は気絶してしまい、ぐにゃぐにゃの塊みたいに草地に崩れ落ちた)

in に対して out は、fall out (of) the window（窓から落ちる）、look out (of) the window（窓の外を見る）など、「容器」の外の空間を指示する。抽象的な意味では of を省かず He did it out of kindness（彼は親切心からそうした）などとする。He worked out of his home［Kimber:160］（彼は在宅勤務をしていた）でも、「彼」が自宅から外へ仕事を発信することを out で表す。

「容器」が消え去って、結果として中身が外に出てしまう場合もある。たとえば We're out of gas（ガス欠だ）、He's out of work（彼は失業中だ）では、燃料や職業に守られなくなってしまったことを「〜の外にいる」と表現している。しかし「容器」は守ってくれるものとは限らない。危険な状況を脱した時にも危険の外に出ているという意味で We're out of danger（もう大丈夫だ）などと言う。

in と out が指示する空間関係は、道を歩く経験に不可欠のものではない。しかし、道を歩く途中で森に入ったり出たり、水溜りの中を歩いたりということはあるだろう。その意味では in と out も「道を歩く」系の前置詞のグループに入れて理解することができる。

3.1.2　歩く人の回り

人が歩く道だけでなく、歩く人の回りにできる空間もまた前置詞によって分節されている。宗宮ほか（2007）では、above、below、beneath、along、by、with をこのグループに入れた。これらの前置詞が指示する空間は、道の部分というよりは、むしろ人に属する空間である。このうち along だけは移動する人の気配を伝えるが、あとの5つは、移動するか否かに関わらず人の回りにできる空間を指示する。

たとえば、本来的に above は人の頭上の空間を、below は眼下を表す。このことから、above と below には共通の特徴が2つ見られる。第1に、X above Y、X below Y の X と Y が離れていることである。X は Y の上に直接乗っているわけではなく、Y の真下に接触しているのでもない。この点で above と below は on、over、under と異なっている。第2には、X の存在する空間が Y の真上や真下ではなく、かなり幅があることである。どちらの特徴も、

人が上を見上げ、あるいは下方を見る経験から自然に説明がつく。人の視野に入る限りでの上方であり、下方であるのだ。人間中心に空間が区切られている。

　人の回りの空間を表す前置詞については宗宮ほか (2007) に解説を委ねることとして、本書では by と with に焦点を絞る。by と with はどちらも非常に多義的に見えるが、道を歩く経験と関連づけることで分かりやすくなる。

他者の by
　道を歩く時には、前方の空気を押しのけ、その空間をわがものとしながら前に進む。押しのけられた空気は歩く人と同じ場所を占めることのない「他者」である。by はこのような、他者の空間を指す。他者は、押しのけられる空気のような弱い他者から受動態の動作主のような強い他者までさまざまだが、歩く人と一線を画すという特徴を共有している。

(35)　She carried the letter by its torn corner to the kitchen, ...　　[Baxter 1985:7]
　　　（破れた端っこをつまんでその手紙をキッチンに持っていき、……）
　　　　　　　　　　　　　　　　　　　　　　　　　　　　　　[田口(訳):22-3]

(36)　... he died, leaving all his money to a woman ... by whom he had had five children.　　　　　　　　　　　　　　　　　　　　　　　[Christie 1985:14]
　　　（彼の死後、遺言が見つかって、全財産がある女性に渡ってしまったの。その女性との間に彼は 5 人の子まで生していたのです）

(37)　Alice had never liked their mother, but she was fascinated by the woman.
　　　　　　　　　　　　　　　　　　　　　　　　　　　　　　[Bettie 1974:8]
　　　（アリスはこの男たちの母親を好きにはなれなかったが、すごい女性だとは思っていた）

(38)　Moreover, his own parents had been brought together by a matchmaker.
　　　　　　　　　　　　　　　　　　　　　　　　　　　　　　[Malamud:194]
　　　（そのうえ、ぼく自身の両親も、結婚仲介屋の手で結ばれたんですよ）
　　　　　　　　　　　　　　　　　　　　　　　　　　　　　　[邦高(訳):167]

(35)は弱い他者の例である。「破れた端っこ」は他者の一部分であり、「彼女」との接点である。この他に enter by the back door（裏口から入る）、fly to Berlin by London（ロンドン経由でベルリンに飛ぶ）、take ... by the arm（〜の腕をつかむ）などでも「裏口」「ロンドン」「腕」は他者空間の始まりにあたる。

弱い他者は、場所であれ身体部位であれ、自らアクションを起こすことはないが、それでも独自の所属の場をもっており、必ずしも主語の意のままにはならない。go to school by train（電車通学する）、pay by check（小切手で支払う）、submit a report by Monday（月曜までにレポートを提出する）などにおける by も、輸送機関、換金の手続き、定められた締め切りといった、主語が支配できない領域を他者として標示している。ちなみに小切手と違って換金の必要のない現金は、pay by cash とも pay in cash とも言う。

(36)は、男性と女性がそれぞれに貢献して子が生まれるという見方を by が示唆している。この時の他者は、自らの役割と行動規範をもつ自律した存在である。ただし他者は人である必要はなく、無生物に用いて Two by four is eight（2 × 4 = 8）などとも言う。

(37)と(38)は受動態の例である。(37)では、他者の行動や生き方が原因となって「アリス」が感銘を受けている。(38)の matchmaker は自らの意思でアクションを起こし、結果を招来する最強の他者、動作主、である。

連れと杖の with

by が歩く人と一線を画す他者を標示するのに対して、with は歩く人と行動を共にする随伴者を標示する。随伴者は人であったり物であったりするが、人の場合は自らの意思で一緒に歩く「連れ」であり、物の場合は歩く人の意のままに動く「杖」のようなものである。Come with me（一緒に来て）と Write with a pencil（鉛筆で書きなさい）など、人と鉛筆が with という同じ前置詞で標示されるのは、このような共通点ゆえである。歴史的には、with は古英語で「〜に対立して」と「〜とともに」を表し、「〜を用いて」の意味は1200年代に現れた。現代では「〜に対立して」は fight with などに残っている。

以下で小説からの例を見る。

(39) Maybe I'll come live <u>with</u> you. Is it O. K. if I move in <u>with</u> you?

［Beattie 1974:6］

（お前のところで一緒に住もうかな。…引っ越してきていい？）

(40) It's dope you can reason <u>with</u>. It doesn't mess you up. ［Carver:220］

（これならいくら吸ってもちゃんとまともにしてられますよ。気分が悪くなったりするようなこともないしね） ［村上（訳）:172–3］

(39)では、離婚して独りになったリチャードが弟のサムに居候をさせてほしいと頼んでいる。サムはそばにいたウエイトレスに This gentleman's wife is in love <u>with</u> another man（この人の女房が他の男を好きになってしまってさ）と言う。同居や恋愛が相手を必要とすることがらであることを with が示唆している。ただし恋愛の方は片思いに終わるかもしれない。相手が「連れ」になってくれるかどうかは相手の気持次第である。それでも随伴者になる可能性があれば with を使う。

(40)は麻薬を擬人的に見て、ほどほどに折り合いをつけられることを with で標示している。折り合いがつかない場合も、I disagree <u>with</u> you all［Christie 1985:13］（私はどなたとも違う見方をしています）などとして with が合うのは、with の双方向性ゆえである。

次の(41)は「杖」の例である。布巾が「彼女」の手の動きにつれて動いている。

(41) She wiped her hands <u>with</u> the dish towel. ［Carver:212］

（彼女は布巾で手を拭った） ［村上（訳）:160］

以上、この節では、道を歩くことと関連づけて by と with の用法を観察した。それにより、by と with の本質的な違いが見えた。このうち by については、空間の by と動作主の by の連続性を説明することもできた。また、通

常は空間前置詞とみなされない with を、by との対比で空間移動の経験の中に位置づけることができた。

3.1.3　非空間の大物前置詞

ここでは、空間的な身体感覚を喚起しない「非空間」の前置詞から、特に of と for を選んで解説する。本書の趣旨からは少し「寄り道」をすることになるが、of と for を空間前置詞と対照することで、双方をよりよく理解できるからである。

概念を作り出す of

歴史的には、of は「分離」を表す空間前置詞であったが、17 世紀までにはその空間的な意味を off にすっかり譲ってしまった。「分離」と限らず空間の関係は何であれ、人と人、人と物、人と場所など 2 つのものの存在を前提として成り立つが、of は 1 つのものだけを見つめ、1 つのものの内的構成を指示するようになった。

まず先行研究を見ると、of については次のような特徴が指摘されている。

① intrinsic（内在的）な関係を表す　　　　　（Langacker 1999:76-7）
② integrative（統合的）で intrinsic な意味をもつ
　　　　　　　　　　　　　　　　　　　　　（Lindstromberg 2010:206-7）
③ complete（完全）かつ direct（直接的）である
　　　　　　　　　　　　　　　　　　　　　（Lindstromberg 1997:202）
④ 動きの欠如を表す
　　　　　　　　　　　　　　（Lindstromberg 1997:205-6, 237; 2010:44-5）
⑤ 抽象的で意味をもたず、2 つの名詞句を繋ぐだけ
　　　　　　　　　　　　　　　　　　　　　（Lindstromberg 1997:224）

これらの特徴を表すとされる例には次のようなものがある。番号を対応させて示す。

① ?the lid of the jar/the lid on the jar/ the lid to the jar　（びんの蓋）
　?the label of the jar/ the label on the jar　（びんのラベル）
　the bottom of the jar　（びんの底）　　　　　　　［Langacker 1991:111–2］

ラネカー（Langacker 1991, 1999）によれば、びんのふたがしてある場合には the lid on the jar、ふたが外れている場合には the lid to the jar と言うのが自然である。びんにラベルが貼ってあれば the label on the jar と言う。ふたとラベルの場合に of を用いるのはやや不自然である。しかし「びんの底」は the bottom of the jar としか言えない。びんとふた、びんとラベルは別個の物であるが、底はびんの内在的な部分である。このため、底とびんが空間的な関係をもつことはありえず、on や to は使えない。

② 　the melody of a song　（歌のメロディー）
　　the size of a house　（家の大きさ）
　　the nature of a problem　（問題の性質）
　　the handle of a cup　（コップの柄）　　　　　［Lindstromberg 2010:207］

②は①と同じことを言っている。ただし、ラネカーが内在性をあくまでも2者間の関係と考えるのに対して、リンドストロームバーグは2つの名詞句（たとえば melody と song）の指示対象が同一物であることを強調する。

③ 　I dreamed of you.　（あなたの夢を見た）
　　I dreamed about you.　（あなたの夢を見た）　［Lindstromberg 1997:202］

I dreamed of you では「あなた」だけに完全かつ強烈に焦点が当たっており、この点で散漫な about 文と違っている。お見舞いのカードで Thinking of you などと書かれるのはこのためである。

④ 　The duke deprived the peasants of/*from all their livestock.

The duke took all livestock from/off the peasants.

〔Lindstromberg 1997:205-6〕

（公爵は農民から家畜をすべて取り上げた）

Dale has been a good friend of mine.
Dale has been a good friend to me. 〔Lindstromberg 1997:237〕
（デールは私の親友だ）

　上の rob 文では、家畜の所有権が委譲されても、家畜の移動があったとは限らず、実際には農夫が引き続き家畜の世話をしたのかもしれない。一方、空間前置詞を用いた take 文では実際の移動が含意される。「親友だ」という文では、of 文が概念的に Dale を親友の範疇に分類するのに対して、空間前置詞 to を用いた文は実際に行き来する交友関係を伝える。

⑤　Frost is evidence of below freezing temperatures.

〔Lindstromberg 1997:224〕

（霜が降りるのは温度が氷点下以下の証しだ）

⑤は、below freezing temperatures evidence と言いたいところだが、その冗長性を嫌って of でつないだだけであると言う（Lindstromberg 1997:224）。
　本書では、これら①〜⑤の特徴は 1 つの本質の異なる表れにすぎないと考える。つまり of は、1 つの概念の内部構造を照らし出す前置詞である。
　「名詞句 1 ＋ of ＋名詞句 2」では、名詞句 1 と名詞句 2 は合わせて 1 つの概念である。もともと 1 つの概念であるのだが、of が概念の内部に光を当てたため認識が新たになった。「動詞／形容詞＋ of ＋名詞句」では、of が合わせて 1 つの概念を創り出し、同時にその新たな概念の内部構造を分析的に提示する。一言でまとめると、of は概念的である。
　まずは「名詞句＋ of ＋名詞句」から見る。

(42)　The Angel of the Bridge　　　　　　　　　　　　　　［Cheever:490］
　　　（橋の上の天使）　　　　　　　　　　　　　　　　　［川本（訳）:227］

　(42)は、「橋恐怖症」の主人公がヒッチハイクの女の子を乗せ、その歌声に救われるという話のタイトルである。あの子は自分を救いに来た天使かもしれない。その思いを of が表している。確かに橋の上でのできごとではあるが、単に The Angel on ...（橋の上にいた…）では済まない深い結びつきを of が示唆し、単なる angel ではない angel of the bridge（橋と不可分の天使）という概念が形成される。もともと、この天使は橋の一部ではあったが、そのことが angel of the bridge という概念として改めて認識されたのである。

　ここで of の左辺と右辺を入れ換えて the bridge of the angel にすると「天使のいる橋」になり、これまた小説のタイトルに使えそうである。「橋」と「天使」という、常識的には全体と部分の関係にないものを強引に of で繋いだ表現は、「橋の上の天使」であれ「天使のいる橋」であれ、現実離れして詩的な趣を帯びる。スタインベックの The Grapes of Wrath（『怒りの葡萄』）など、この種のタイトルは多い。

　小説のタイトルと限らず、全体と部分の関係を逆転した a woman of blue eyes（青い目の女性）、a sky of blue（青の空）も詩的である。逆転を戻して the blue eyes of the woman（女性の青い目）、the blue of the sky（空の青）とすると普通になる。しかし、いずれの場合にも、of が全体・部分関係を利用して１つの概念を提示することに変わりはない。これに対して a woman with blue eyes（青い目の女性）では「女性」と「目」の空間的な関係が表現される。

　他の例を見ると、I think Christmas is a very sad season of the year ... Christmas isn't much of a holiday for me［Cheever:129］（貧しい人間にはクリスマスは悲しい季節です…私には祭日と言えるもんじゃないんです）［川本（訳）:59］でも、season of the year（１年の欠かせない季節）、much of a holiday（祭日らしいもの）という概念を of が作り出している。よく見かける例でも、the eldest of the four sisters（４姉妹の長姉）、a lot of butter（多量のバター）が１つの存在、１つの概念になるには of が不可欠である。単に the eldest、a lot では概念と

してはっきりしない。

文法を助ける of

　次に「動詞または形容詞 ＋ of ＋ 名詞句」を見る。この場合も、of は非空間的で概念的である。たとえば I've［just］heard from him（彼から私に連絡があった）がメッセージの移動を表すのに対して、I've heard of him that's all は「彼の名前と存在くらいは知っていた」という意味であり、空間での動きが欠如している (Lindstromberg 2010:44–5)。ちなみに I heard him は「彼の声が聞こえた」「彼の言ったことが聞こえた」という意味であり、「私」と「彼」が同じ空間にいることになる。

　まずは動詞と of 句から見る。統語上の理由から要素を 1 つ追加する必要がある時には、余計な空間関係を導入することなく単に概念を繋ぐ of が便利である。

(43)　This was the hour when people should be thinking of going to bed.

［Carver:155］

　　　（人々がそろそろ寝ようと思い始める時間だった）

(44)　The town was stripped of the last rag of its ancient glory.　　［Twain:469］

　　　（町は古来の栄光の最後のきれはしまではぎ取られてしまったわけである）　　　　　　　　　　　　　　　　　　　　　　　　　　　［古沢（訳):190］

(43) は、文法上の制約として *think going ... という形が許容されないため、of によって繋いだ例である。単に ... people should be thinking で終わらせるのでなく thinking の内容を言いたい時に、概念を指示する of がよく用いられる。that 節を用いて thinking that ... として内容を表すこともできる。

　of で繋ぐということは、thinking of going to bed における thinking と going to bed の間に部分と全体の関係を認めるということでもある。「寝る」が「考える」を包摂し、「考える」と「寝る」が不可分になる。先に (42) で、単なる「天使」ではない「橋の上の天使」という概念が形成されたのと同じ

ように、(43)でも、単に「思考する」のでなく「寝ようと思う」という概念が形成されている。そのような機能が of にはある。

　(44)は、strip(はぎ取る)の目的語を主語にした受動文である。of 以下がなければ何をはぎ取られたのかが分からず、?The town was stripped (町が裸にされた)という中途半端な文になってしまう。そこで of ... its glory を付け足して「栄光をはぎ取られた」と言った。「栄光に関する限りで裸にする」という概念が作られたのである。

　表3-5 は、BNC の全データ中で of との連語をなす動詞のトップ 30 とその生起回数である。of の全生起数は 2,885,104 である。

表 3-5　「動詞 + of」の連語トップ 30

think, 11239	die, 1085	remain, 444
consist, 5379	compose, 1055	deprive, 435
make, 3303	say, 957	come, 413
speak, 2462	dream, 818	inform, 412
hear, 2284	tell, 766	take, 381
rid, 2217	complain, 614	warn, 374
know, 1941	convict, 605	remind, 372
accuse, 1804	approve, 492	go, 367
dispose, 1287	expect, 486	conceive, 360
talk, 1163	write, 452	leave, 360

　表 3-5 では、think、hear、know、など思考や知識に関する動詞、be accused、speak など言表に関する動詞、be made、consist、be composed など構成を表す動詞が高い頻度を示している。思考と言表の動詞の場合は先の(43)の think of や(44)の be stripped of の例と同様に、of 句が「何を」「何に関する限りで」を補足して、意味的にまとまりのある 1 つの動詞句が形成される。しかし構成の動詞の場合は少々趣が異なる。

(45)　Supper that night had consisted of tinned lobster and salad, trifle and bread and cheese.　　　　　　　　　　　　　　　[Christie 1985:9–10]

（その晩の夕食は、缶詰のロブスターにサラダ、それとトライフルと、パンにチーズだった）

consist など構成の動詞は、「何から成るか」「何が全体を構成するか」という、まさに全体と部分の関係を表す自動詞である。そこで(45)を見ると「ロブスター等々が夕食を構成した」と言っている。前置詞 of が supper という概念の中を照らし出してみれば、そこには lobster, salad, trifle ... があった。supper イコール lobster, etc ということである。この意味で consist of は、be 動詞など単なる繋ぎの動詞に近い。同じ状況を名詞句で表現すれば、なじみ深い supper <u>of</u> lobster, etc の形になるところである。

　次に「形容詞 + of」を見る。表 3-6 は BNC で of との連語をなす形容詞のトップ 30 とその生起回数である。of の全生起数は 2,885,104 である。表 3-6 では、aware、capable、guilty、proud など of 句が形容詞に「何を」を補うタイプと、full、short、free など「何が」(いっぱいある、足りない、ない等)を補うタイプが見られる。

表 3-6　形容詞 + of の連語トップ 30

aware, 6296	sure, 1006	reminiscent, 575
full, 5545	true, 961	ashamed, 459
capable, 4295	fond, 847	characteristic, 444
short, 2193	independent, 833	important, 425
free, 1419	incapable, 751	certain, 419
guilty, 1346	unaware, 748	wary, 393
proud, 1246	clear, 696	devoid, 385
afraid, 1158	worthy, 652	frightened, 377
typical, 1117	critical, 640	suspicious, 360
conscious, 1008	tired, 594	confident, 310

心理空間を指示する for

　for は、of に次いで定義の困難な前置詞であると言われる (Lindstromberg 1997:221)。古英語では、fore が「(空間的・時間的な)前」を表し、for が「〜

のために」「〜ゆえに」「〜の代わりに」という抽象的な意味を表したが、15世紀には形式も意味も for に統一された。現代では、「ため・ゆえ・代わり」の他にも for にはさまざまな用法が見られる。ちなみに接続詞としての用法は 12 世紀前半から一般化した。

先行研究からは for について次のような特徴が指摘されている。

① 非現実感を伴う
(Jespersen 1940:304; Wierzbicka 1988:109–11; Dixon 2005:46; Lindstromberg 2010:46)
② 漠然としている(何が起きるか明言されない)
(Goldberg 1995:34–35)
③ 起点中心で空間移動を意味しない　　(Lindstromberg 1997:221)
④ of よりは距離感がある　　(Lindstromberg 1997:224)

これらの特徴を表すとされる例には次のようなものがある。番号を対応させて示す。

① I'd be delighted for you to stay with me.
(君が一緒にいてくれたら嬉しいな)
?I was delighted for you to stay with me.　　[Wierzbicka 1988:111]

①は特に for-to 構文に関しての観察である。ヴィアズビッカは、ボリンジャー (Bolinger 1977 ほか) に共鳴して、to 不定詞は主語の気持や感情を表すが、このうち特に for を用いた for-to 構文は非現実の文脈で用いることが多いと述べている (Wierzbicka:98, 111)。イェスペルセンも、for と不定詞の組み合わせは漠然とした可能性や想像上のことがらを表すのに向いており目的や決意を表すと述べており (Jespersen 1940:304)、その他の研究からも同様の見解が示されている (Dixon 2005:46; 澤田[1] 1993/2003:32-3)。

② Chris baked a cake <u>for</u> Pat.（クリスがパットのために／パットに代わってケーキを焼いた）　　　　　　　　　　　　[Goldberg 1995:34]

この文は、クリスがパットのためにケーキを焼いたのか、パットに代わってケーキを焼いたのか曖昧である。これを二重目的語構文に置き換えた Chris baked Pat a cake では「のために」という読みが選ばれるが、それでもパットはケーキを受け取らないかもしれず、さらにはクリスがケーキを焼いたことを全く知らない可能性もある。つまり for Pat がどのようなできごとを表すのかは不明である (Goldberg :34–5)。

③ This piece of cake is <u>for</u> Jane.（このケーキはジェーンの分です）
　 They left <u>for</u> home an hour ago.（彼らは1時間前に帰宅した）
　　　　　　　　　　　　　　　　　　　　　　　　[Lindstromberg 1997:221]

リンドストロームバーグによれば、This piece of cake is <u>for</u> Jane は for の最善例である。この文をはじめ一般的に for 文においては、授受などの移動が欠如しており、そのことは They left <u>for</u> home an hour ago も同様である。この文においては、家までの移動の始まり、家に帰ろうという意図が重要であって、終点は話者の視野に入っていない。つまり for は起点中心であり、この点で to と違っている (Lindstromberg 1997:221)。

④ Frost is evidence <u>of</u> below freezing temperature.
　 （霜が降りるのは温度が氷点下以下の証しだ）
　 Do you have any evidence <u>for</u> that outrageous assertion?
　 （そんな途方もない主張をするのは何か証拠があってのことか？）
　　　　　　　　　　　　　　　　　　　　　　　　[Lindstromberg 1997:224]

リンドストロームバーグによれば、evidence <u>of</u> below freezing temperature が1つの概念を表すのに対して、for 文の evidence と assertion は別個の概念で

あり、assertion は（望まれる）結果を表している。このため for 文からは多少の距離感が伝わる（Lindstromberg 1997:224）。

　本書では、これら①〜④の特徴は、for が主語あるいは話者の心の向きを表すことに由来すると考える。つまり for は現実の空間ではなく心理空間を指示する前置詞であり、この意味で非空間的である。

　次の例は小説からの鹿狩りの場面である。まだ聞こえない音を待つことを listen for で表している。現実に音が聞こえていれば listen to と言うところである。

(46)　Hardly daring to breathe, he crouched in the blind, listening for a telltale snort and quiver, ...　　　　　　　　　　　　　　　［Mason:39］
　　　（彼は息を殺して隠れ場所にしゃがみ、鼻息や気配を逃すまいと耳をそばだてた）

鹿のたてる鼻息や草木の揺れる音は「彼」の心の世界に存在する。現実に身を置きながら、心の世界では鹿と遭遇していることを for が伝える。この他にも、駅の待合室でまだ来ぬ列車を待つことを She ... listened for the sound of a train ［Carver:148］と言い、暗闇で洋服を着替えようと手探りすることを ... feel for his clothes in the dark ［Mason:38］と言う。

(47) a.　I searched my wallet (for a dime).
　　　　（私は 10 セント玉を探して財布を調べた）
　　 b.　I searched for my wallet in the street.（私は道で財布を探した）

(47a) では財布は目の前にある（が 10 セント玉はない）。(47b) では財布がない。(47b) の例は、for 挿入が作り出す言語的距離が、財布がまだ見つからないという現実の距離を反映している点で、アイコン性の例でもある[2]。

for の漠然性

 for は心の世界から要素を1つだけ取り出して示すため、具体的な意味は文脈から判断する他はない[3]。これが for の漠然性と呼ばれるものである。漠然性は多様性に通じ、for の用法の解説は至難の業となる。たとえば This piece of cake is for Jane における Jane の意味役割は受益者であると分析されることが多いが、これを言い換えれば目的あるいは動機である。しかし For each mistake, you lose half a point では for は理由を示している。心の世界で人がミスを犯し、その世界からミスだけを取り出して、残りのシナリオを省略した。それが for each mistake である。He left for home（彼は家に帰った）は起点中心で到着を含意しない。気持が家の方を向いていたことだけを言う文であるからだ。I paid ten dollars for the knife（ナイフは10ドルした）と I bought this knife for ten dollars（ナイフを10ドルで買った）では、for は価値の同等性を表すと言われる。さらに It is cold for July（7月にしては寒い）では判断の基準を表す等々、for の意味はバラバラである。特に目的と理由の双方を表すなど、for は確かに非常に分かりにくい。

 しかし目的であれ理由であれ、for は常に心理空間を指向し、心の世界を開ける機能をもっている。for が空間前置詞とはまた一味違う距離感を伝えるのはこのためである。

(48) With the doorman sick, Charlie wouldn't have any relief for lunch, and a lot of people would expect him to whistle for cabs. ［Cheever:128］
（ドアマンが病気ではチャーリーは昼食の休みもとれそうになかった。住人にタクシーを呼んでやる仕事も増えるだろう）［川本（訳):57］

(49) The tinned lobster was bad. It accounted for the poisoning symptoms. The doctor was sent for. ［Christie 1985:13］
（缶詰のロブスターが腐っていた。それで中毒症状が出たのだ。医者が呼ばれた）

(48)のチャーリーはニューヨークの豪華マンションのエレベーター係であ

る。クリスマスでも休みはない。昼食をとる時間も交代してくれる人間が見つからない。この for lunch は「昼食をとるための」とも「昼食という理由で」とも解釈できる。共通しているのはチャーリーの心の世界に「昼食」があることである。これが have spaghetti for lunch なら「昼食に［昼食として］スパゲティを食べる」に変わる。次の for cabs は、この文脈では「タクシーを求めて」になるが、交通整理の巡査なら「タクシーが走りやすいように」かもしれない。同様に、(49) の2つの for も話者の心の向きを示すにすぎず、具体的な意味は共起する動詞の意味や文脈に大きく依存する。

　以上、この章では、on、from、to、over、at をはじめとする英語の空間前置詞が「道を歩く」に類する移動の因果関係を分業的に指示することを見た。また、歩く人の回りにできる空間を指示する前置詞として特に by と with を選んで記述した。非空間の of と for についても、空間前置詞と対照して論じた。

注

1　Lakoff and Ross (1966) の "Criterion for Verb Phrase Constituency" にもとづいている。
2　Cf. John Haiman (1983:782) "The linguistic distance between expressions corresponds to the conceptual distance between them." (表現間の言語的距離はその概念的距離に対応する。)
3　宗宮 (2007) では for の補語をメトニミーとみなして規則性を追求した。

第 4 章　日本語の文字種

4.1　文字種が「ウチ・ソト」の共感関係を表す

　この章では 4.1.1 で、現代日本語の漢字、ひらがな、カタカナという文字の種類が「ウチ・ソト」のものの見方を伝えることを論じる。日本語学や日本言語文化論では文字種への言及がよくなされるが（時枝 1941a；安藤 1986；鈴木 1990；五光 1979；芳賀 2004）、これは日本語において文字種が無視できない役割を担っていることを示唆する。

　文字種の使い分けは擬音語（オノマトペ）や擬態語でも効果を発揮する。4.1.2 ではそのことを確認するとともに、特に擬態語に的を絞ってその形成法を探る。その結果、語の形成においても文字種の選択においても、日本語は話者の感覚に大きく依存していることが見えてくる。

4.1.1　ひらがな・漢字 vs. カタカナ

　文字のうち漢字は表意文字、ひらがなとカタカナは表音文字である。漢字とひらがなは日本語の「ウチ」を構成し、カタカナは日本語の「ソト」を表す。

漢字とかなの歴史

　漢字は弥生時代（前 3 世紀〜後 3 世紀）に日本に伝来し、3 世紀には漢文による外交文書が作成されている。その後も中国や朝鮮半島との外交上の必要性から漢文文書の読解や作成が、中国大陸あるいは朝鮮半島からの移

民や帰化人を介して行われた。その後、漢字は字形、字音、字義、語順の面でしだいに「和化」したが、平安時代初期までの長きにわたって日本では漢字しか文字がなく、文章の作成は漢字のみによってなされた(阿辻ほか 2002:110–14, 122)。

漢字の和化のうち、字義の和化とはすなわち訓読みの発生である。漢字・漢文に密着しながらも、自分の心を日本語で表したい。そのための方法の1つが漢字の訓読み、いわば漢字の和訳であった。

漢文を日本語として訓読みするためには、表音文字の助けが不可欠であった。例えば「未来」と書いて「未ダ来タラズ」と読み、「国破山河在」を「国破レテ山河在リ」と日本語式に読むために、表音文字による補助は必然であり、そのためにカタカナが成立した。カタカナは漢字の一部を使用して、あるいは画数を減らして作られた。

カタカナは、漢文訓読の、男の世界で生まれ、形も漢字と調和する姿を保ち、学問の世界などに生きてきた。一方、ひらがなは漢字の字形全体を草書的にくずした文字であり、漢文とは縁が薄い女性の世界で生まれた。ひらがなは和歌や和文日記など趣味的な世界から、次第に広く実用の世界で使われるようになった(樺島:141–2)。

それにしても、漢字が到来してから、奈良時代に発達した万葉仮名(がな)を経て平安前期にひらがなとカタカナが成立するまでに、実に500年もの年月がかかった。これについて樺島は、日本人は言語や表記法を学ぶというよりも外交や中国文化の吸収のために漢文と漢字を輸入したのであり、このため当時の支配階級は、表記法についてなんら国語政策を行うこともなく自然に任せてきた、と述べている(樺島:139–40)。

五光(1979)によれば、漢字が到来するまでは、日本人は音だけで大まかに気持を伝え合っていた。たとえば「落ちつくべきところに落ちつく」ことを「すむ」と言い表していたが、それが「住む」、「棲む」、「済む」、「澄む」として使い分けられ、何が「すむ」のかによって別々の事態として認識されるようになった。つまり概念化が進み、「日本人の知的水準は飛躍的に進んだ」(五光:62–66)。

漢字によって概念化が進み、日本語は確かに変った。しかし注目すべきは、漢字が日本語を表すようになったことだ。音韻的にも意味的にも、漢字は日本語になった。

文字種が指示する「ウチ・ソト」の見方
　現在では、3種類の文字は次のように使い分けられている。

　　漢字：名詞・動詞・形容詞・副詞などの概念表示部分に用いる
　　ひらがな：形式名詞・活用語尾・助動詞・助詞・その他表音的に書き表
　　　　　　　す部分に用いる
　　カタカナ：動植物名・擬声語・外国語音・外国固有名詞、その他発音そ
　　　　　　　のものを写していることを強調するときに用いる

［樺島 1977:148］

　この分類からは、漢字は概念、ひらがなは文法、カタカナは音、という大まかな区分が見えてくる。本書ではさらに、漢字とひらがなは基本的に日本語体系の「ウチ」なる部分を表記し、カタカナは体系の「ソト」にあるものを表記すると考える。
　「ウチ」においては、漢字とひらがなが客観と主観を分業的に表記する。たとえば「歩く」「語る」「食べる」などで、概念部分は漢字で、文法の部分はひらがなで書く。文法については先に第1章で、日本語の時制と相が話者の主観に大いに依存することを見た。第2章では、格助詞「が・を・に」、助動詞「られる」「させる」などが話者の主観と共感を担っていることを見た。遠く江戸時代から現代まで、助詞や助動詞に主体性を認める研究があったことにも言及した。これらの文法的要素はひらがなで表すほかない。
　日本語に独特の思考様式を表す「いっそ」「さすが」「どうせ」「なまじ」「やはり」などの副詞や、「ところで」「しかし」「つまり」など話者が議論のかじ取りをするための語も、「あ、そう」「なるほど」「まあね」などの談話標識も、漢字で書くことができない。「はんなり」「ゆったり」「おどろおど

ろしい」など様態を表す語をはじめ、「のらりくらり」「はらはら」「まごまご」など擬態語の類も対応する漢字が存在しないことが多い。感情を吐露する「きれい」「すごい」「ひどい」も通常、ひらがなで表記する。

表 4-1 は日常的な語彙の断片を、書籍、雑誌、新聞、白書、教科書、広報、国会会議録などから約 1 億語収録した『現代日本語書き言葉均衡コーパス』で検索した結果である。

表 4-1　漢字とひらがなの生起数と漢字使用率

漢字		ひらがな		漢字使用率	備考
歩く	4176	あるく	335	92.6%	
語る	3532	かたる	71	98.0%	
食べる	7370	たべる	134	98.2%	
美しい	6331	うつくしい	73	98.9%	
恐ろしい	1962	おそろしい	329	85.6%	恐 1881、怖 81
嫌い	4874	きらい	451	91.5%	
綺麗	3543	**きれい**	6768	34.4%	綺 3342、奇 201
怖い	3653	こわい	688	84.2%	怖 3194、恐 459
凄い	1899	**すごい**	5592	25.4%	
楽しい	5570	たのしい	179	96.9%	
酷い	548	**ひどい**	3641	13.1%	
優しい	2534	やさしい	1862	57.6%	優 2415、易 119
立派	3348	りっぱ	728	82.1%	

ちなみに「きれい」6768 中、副詞用法の「きれいに」が 2760 あり、これを差し引いた漢字使用率は 46.9% になる。また、小説のみからデータを取った『新潮文庫の 100 冊』では、「語る」の漢字使用率 99.0% と「美しい」の 98.7% を除いては、表 4-1 より全般的に漢字使用率が約 10% ないし 20% 低い上に、「嫌い」では 42.0%、「怖い」では 33.8% と、かけ離れた数字が出ている。

次に、ひらがなと漢字に対してカタカナは、話者の本気がそこにないような距離感を伴う。歴史的に漢文を読むための工夫であったカタカナは、「ソ

ト」のものを表す文字になった。たとえば音は常に自分の外側から聞こえてくる。外来語もまた日本語体系の周縁にある「ソト」の要素である。こういったものはカタカナで表記する。

　言い換えれば、日本語の文字種は「ウチ・ソト」の共感関係を指示するインデックスである。文字種は読者に、図 4-1 のような体系を想起するよう誘導する。

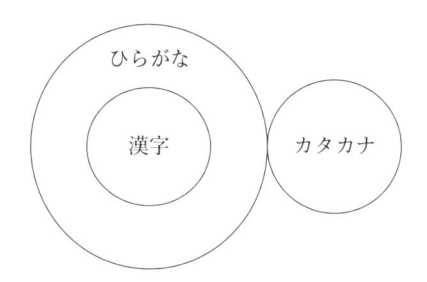

図 4-1　文字種が指示する「ウチ・ソト」の見方

図 4-1 では、ひらがなと漢字が身内を構成し、カタカナが他者を標示する。話者は身内に本気と共感を寄せ、他者には距離感を抱く。左の 2 つの円の大小は、身内への話者の共感の大小に対応する。右の円は日本語体系の周縁に位置する他者を表す。円の大きさに意味はなく、共感は欠如している。

ひらがなは書き手の共感を表す

　文字種の使い分けは文法規則というほどの強制力をもたないため、書き手は自由に文字種を使い分けることができる。本来なら漢字で書くところをあえて外し、ひらがなやカタカナで感覚的な意味を伝える。そういう自由が日本語では許される。

　これを現代の日本語で確認しよう。次の例(1)から(4)は吉本ばなな著『キッチン』、(5)から(7)は中村(2004)より引用した。例文中のひらがなとカタカナに注目されたい。

（１）　濡れて光る小路が虹色に映る中を、ぱしゃぱしゃ歩いていった
（２）　ドアがガチャガチャと開いて、ものすごい美人が走り込んできた
（３）　肩までのさらさらの髪
（４）　この大都会で住所ナシ、電話ナシで生きていくつもり？
（５）　筋肉ヤロー（Muscle-bound jerk）
（６）　ビョーキよ！（Mr. Mann … Is sick!）
（７）　ユーレイなの？（Are you a ghost?）

　漢字は豊かに概念を表すが、例えば(1)で「濡れて光る小路が虹色に映る中を」からひらがなを取り去ると「濡光小路虹色映中」となり、意味不明に陥る。ひらがなが漢字を助けることで日本語ができている。
　ひらがなは、文法的要素と限らず、漢字で書けることを何でも書くことができる。しかし、ひらがなばかりでは読みづらい。「ねれてひかるこみちがにじいろにうつるなかを」とやられては、はぐらかされてしまい、意思伝達の役に立たない。ここまで極端でなくても、ひらがなを多用されると、読む側としては時にうっとうしい感じがする。
　ひらがなは書き手の共感を押しつける。特に、常用漢字が存在する時にあえてひらがなで表すことは有標である。「心」と書く代わりに「こころ」と綴る、あるいは「秘密」の代わりに「ひみつ」と書くと、書き手の思い入れが伝わる。その結果として書き手に焦点が当たり、時としてうっとうしい。普通に漢字で「心」、「秘密」と書けば、心で思っていることや秘密の内容に焦点が当たる。漢字は客観的に概念だけを伝える。
　(1)と(2)では「ぱしゃぱしゃ」と「ガチャガチャ」がひらがなとカタカナで使い分けられている。この例は典型的である。「ぱしゃぱしゃ」は主人公が水たまりを歩く時の水音とその時の様子、さらには心情も伝える。擬音語であり擬態語でもある。一方「ガチャガチャ」は突然に外から聞こえてきた単なる音だ。書き手は驚きこそすれ、共感を寄せてはいない。
　(3)の「さらさらの髪」でも、書き手がその髪を気に入っていることをひらがなが伝える。これは『キッチン』の主人公みかげが、大好きなえり子さ

んの髪を愛でる場面である。こういった(1)から(3)のような擬音語・擬態語については 4.1.2 で述べる。

著者の吉本ばなな氏はテレビのインタビュー番組で、『キッチン』は 30 余の外国語に翻訳されているが日本語の読者にだけ特別のサービスがあるのです、と語った。それは、ひらがなの使い方である。細心の注意を払ってひらがなを使いました、とは著者自身の弁である。ちなみに著者自身の名前も「バナナ」だと果物のバナナになってしまうが、「ばなな」とひらがなにすることで作家の名前になる。

カタカナは距離感を表す

これ以降はカタカナを中心に述べる。まず、先の例文(2)で外来語の「ドア」がカタカナで表記されていた。外来語は原則としてカタカナで表記する。では、日本語にとって外来語とは何だろうか。

外来語の多くは、意味をもたず音形だけをもって日本語に入る。実物が「輸入」され、外来語が固有名のようにこれを指示する。たとえば「ドライバー」という外来語は、運転手、ねじ回し、ゴルフのクラブを表すが、3 者の間に意味の関連性はなく、ばらばらである。それぞれの物が、それぞれの名前と一緒に到来した。

英語では動詞 drive が「一方向に突き進む」という概念的意味をもっており、だから車を運転することも、豪雨が体に当たることも、激情に駆られることも drive で表す。派生名詞 driver も本来の意味を失わない。運転手、ねじ回し、ゴルフのクラブは英語では同じ driver なのである。概念はこのように、ものごとを体系の中に取り込んで理解することを可能にする。

「輸入」された外来語はやがて日本語の語彙体系に導入されるが、もともと日本語に属さない事物の単独の名前、固有名としてカタカナで表記される。固有名は単に音であり概念を伴わない。この「外来・音・概念の不在」という性質は、合わせて「共感の欠如」すなわち「距離感」となってカタカナに乗り移り、カタカナは書き手が何らかの理由で距離感、外れた感じを抱くものを表すのに使われている。逆に外来語であっても、日本語になりきっ

たものは「たばこ」などとひらがなで表記されることが多い。

　外来語でなくても、動植物の名前はよくカタカナ表記する。動物や植物は人間ではない中核から外れたもの、他者と見るのである。政府の漢字政策も影響する。漢字が難しくて避けたいという現実的な動機もあるだろう。鼠よりネズミ、鰐よりワニ、楡よりニレ、楓よりカエデが望ましい。それでも犬、猫、松、杉など馴染み深い動植物は漢字で表記されることが多い。風鈴草、宵待草、雪割草など漢字の字義が大事にされるものもある。

　遊び心が見られる例として、外来語であっても「おやじ倶楽部」、「歌留多」、「隧道」、「燐寸」、「露西亜」など漢字を当てることもできる。この時には、明らかに日本語の概念を表していない漢字の列を目の前にした読者が、漢字の音を頼りにカタカナ語にたどり着くことが期待されている。それでいながら字義の助けもあり、クラブが部であり、カルタが「歌(を書き)留(め た)多(くの札)」、マッチが燐の小片、トンネルが道であることを漢字が示している。これらは現代では一般的でないが、固有名として、あるいは気取ったレトロな感じを出す効果をねらって使用される。さらに、ロシアと書く代わりに「露」の一文字で済ませて「露語」、「日露関係」など、カタカナと漢字のハイブリッドは便利である。

住所ナシ、電話ナシ

　先の(4)から(7)の例に話を戻そう。著者のひらがなへの心配りはカタカナの使い方にも及んでいるようで、『キッチン』ではひらがなとカタカナがすっきりと使い分けられている。(4)「この大都会で住所ナシ、電話ナシで生きていくつもり？」は、雄一がみかげに引っ越しハガキを書くよう勧める場面である。このままではいわゆる「住所不定」の仲間入りだ、世間から住所も無い、電話も無いと言われるよ、という気持をカタカナが表している。つまり「住所ナシ、電話ナシ」は外から聞こえる世間の声である。

　漢字で「無し」と書くのでは意味がこもって重い。そんな時には、ことばから字義を追い出し形骸化するのにカタカナが便利である。カタカナを使うことで、「無し」が「ナシ」という即席の外来語になる。読み手は音から語

を再構成して「無し」に行き着く。

　カタカナは外から聞こえる音を表すため、話者が心から発したことばではなく、他人の台詞のような無責任で突き放した感じが出る。(4)ではそれがユーモラスな効果を出している。カタカナが持つこの距離感は便利で、相手が聞きづらいことを言う時に、それを自分の言とせず遠い他人の声にすることができる。これは、会話の中で四字熟語やことわざを引用して一般論のように言うことに似ている。どちらの場合も、自分を隠して言いたいことが言える。

　(5)から(7)は映画の字幕翻訳の例である。原文を(　)で示した。このうち(5)「筋肉ヤロー」(Muscle-bound jerk)と(6)「ビョーキよ！」(Is sick!)は、漢字の概念がまともに伝わる衝撃感を避け、ひらがなで書いた時の感情移入をも避けてカタカナに逃げた観がある。特に(5)は、英語の jerk が日本語の何に当たるか定かでなく、意味不明のまま「ジャーク」と丸投げするわけにもいかず、「ヤロー」で代用したようだ。(6)では、本当は「変態」と言いたいところを、本当の病気ではない病気、の意をこめて「ビョーキ」と言った。「ヤロー」という音形、「ビョーキ」という音形から「野郎」や「病気」という語を呼び出しながら、同時にその字義を否定する。こんな業ができるのはカタカナだけである。

　一般的に、望ましくないことを言うのにカタカナを用いて、「ダメ」、「イヤ」、「バカ」、「クヤしい」、「ウザい」、「キモい」、「ビビる」、「キレる」等と書くのも同じ理由からである。書き手は、カタカナを使うことで、言いたいことを言いながらも概念を否定し、自分がそれを言ったという責任から逃れることができる。

　(7)の「ユーレイなの？」は「このせりふが向けられた人物は野球のユニフォーム姿で手にはグラブといういでたちで(足もちゃんとある)、「いかにも幽霊」というイメージからは程遠い」(中村 :6)ところから、この信じられない気持をカタカナで表し、「いわゆる、人が呼ぶところの「幽霊」なの？」という意味を込めた。これは(4)の「世間の声」に近い用法である。

ホジョが出ます

　村上春樹著『海辺のカフカ』には、子供時代に不思議な経験をして以来ちょっと普通でなくなったナカタさんという人物が登場する。猫と話ができるナカタさんが言う。

> 「しかし人間の世界では字が書けませんと、それは頭が悪いのです。本や新聞が読めませんと、それは頭が悪いのです。そう決まっております。とくにナカタのお父さんは、もうとっくになくなりましたが、大学のえらい先生でありまして、キンユウロンというものを専門にしておりました。それからナカタには弟が二人おりますが、二人ともとても頭がいいのです。一人はイトウチュウというところでブチョウをしておりますし、もう一人はツウサンショウというところで働いております。……」

> 「……都バスにはショウガイ者とくべつパスというものを見せれば、なんとか乗ることはできますが」

> 「じゃあ、何をして暮らしているんだい？」―「ホジョがでます」
> 　　　　　　　　　　　　　　　　　　　　　　　　［村上 2002:96–7］

　これはオオツカさんという猫とナカタさんの会話の一部分である。自分は頭が悪いというナカタさんには、金融論の何たるか、伊藤忠、部長、通産省、障害者特別パス、補助の何たるかは分かっていない。ただ、他の人たちが使うのを耳にするので覚えた。このためナカタさんが言うこれらの語には意味がこもっていない。そのことをカタカナが合図する。読者は音から該当する語を探ることになる。
　上の例に出るカタカナ語のうち「バス」と「パス」は外来語であるという理由でカタカナ表記されている。これは通常の、無標の用法である。その他の語におけるカタカナは有標で、ナカタさんにとって外来語のようなもので

ある。まず「ナカタ」は、1人称を使いこなせず、自分を他人が呼ぶ通りに「ナカタ」と呼んでいる。このこと自体が普通でない上に、カタカナによって固有名詞が音に分解され、たどたどしい感じが出ている。

「ショウガイ者とくべつパス」の「とくべつ」には共感が込められている。この他にも「(お父さんが)なくなる」、「えらい」、「(頭が)いい」がひらがな表記であるのは偶然ではない。これらはナカタさんが大事に思っていることがらだ。著者が文字種に気を配っている。ちなみに「ショウガイ(障害)」のカタカナと「とくべつ(特別)」のひらがなを「者」の漢字でつないだのは、読みやすさへの配慮であろう。

最後の「ホジョ」も、ナカタさんにとっては外来語と同じである。「補助」の概念的意味つまり社会の仕組みをナカタさんは知らない。ホジョは、ナカタさんが定期的にもらい馴染んでいるものの固有の名前、つまりインデックスである。

この部分の英訳を見ると、金融論、部長、通産省、障害者特別パス、補助、はそれぞれ、

theery of fine ants (theory of finance)、a *depart mint chief* (a department chief)、the *minis tree of trade and indus tree* (the ministry of trade and industry)、*handycap* pass (handicap pass)、a *sub city* (a subsidy)と訳されている。「アリ」「ミント」「木」「帽子」などが織り交ぜられて、たどたどしい感じを出しながら、うまく復元可能な程度の逸脱にとどまっている。文字が斜体であることも有意味である。英語の斜体にはさまざまな用法があるが、ここでは通常の語ではないことを合図している。

新聞におけるカタカナ

このように文字種の選択は、原則に従いながらも書き手の自由に任される。自由の度合いは文章の種類によって変異し、例えば新聞など公共のメディアでは記者個人の自由度は低い。その新聞で、概念をカタカナで表記しなければならない場合がある。原田(2008)より引用する。

（8）　……三社合併でクビになった者が姿を消している
（9）　フォトグラフともペインティングとも言わないのがミソ
（10）　企業の決算発表は今週末にかけてがヤマ場

　「クビ」、「ミソ」「ヤマ」は、漢字で書くと人体の首、味噌汁の味噌、登山の山になってしまう。カタカナは、「首」、「味噌」、「山」から字義を抜き取ってこれを音の列に変える。それを見て、本来の意味から外れたもう1つの意味を探すのは読者の仕事である。
　（8）から（10）は、カタカナがソトの要素を表すという原則から外れているわけではない。「クビ」「ミソ」「ヤマ」は決して外来語ではなく、もともと日本語の概念体系に含まれる語であるが、それぞれ「首」「味噌」「山」の本来の意味ではなく比喩的な意味を表している。このように、身内の中にあっての他者性をカタカナが表す。

「話すように書く」メール時代

　メール時代の昨今、文字使いについて特筆すべき現象が若者の間で起きているらしい。友だちに向けたメールでは、個々人が自由に種々さまざまな文字の工夫をしているが、その中でカタカナの使い方が変わってきているのである。若い知人が自ら書いた実例を提供してくれた。

（11）　今日はツイてない日で疲れた。早く寝よ〜っと。
（12）　それか土曜日、フツーにデートでも私は全くかまいませんが
（13）　今回初めてインターネットに載ってるレシピを使ったんだけどイマイチだったのよね。ほとんど家族用になりました。
（14）　誕生日おめでとう・オクサマとステキな誕生日をすごしてね！
（15）　私よく院生室でねてるから声かけてね・あと、まえから思ってましたが、敬語使われると老いを感じるので(笑)テキトーでいいからね・
（16）　ヤッパリそれってマズくない？
（17）　あれヤバいよね〜

これらの例で、外来語と「マズイ」「ヤバイ」がカタカナ表記されているのは原則の通りである。「普通」と「適当」のカタカナも「概念の不在」を合図していると見て、「フツー」は普通でなく「テキトー」は適当ではないと解釈することができる。しかし本当にそうだろうか。そうでない場合は何が起きているのだろうか。

　いずれにしてもカタカナが多い。本来ひらがなで表記すべき「やっぱり」「ついてない」のみでなく、「今いち」「奥さま」「すてき(または素敵)」もカタカナ変換されている。心情的・情緒的な語までもカタカナに変換されているのである。先の「普通」「適当」も含めて、この一連の現象は本書の仮説への強烈な反例に見える。カタカナは本気の欠如を表すのではなかったか。心を表すのにカタカナを使っていいのか。

　文章を手書きする時には、漢字の煩雑さを逃れてひらがなやカタカナで書くことがある。特に自分用のメモの類では、略字、崩し字、かな書きは常道である。しかし、メールには読み手がいる。わざわざカタカナを選ぶ理由は何だろう。

　答えは「音」ではないだろうか。本章の冒頭で引用した樺島(1977)でも、カタカナの本来の用法の１つは「発音そのものを写していることを強調する」ことであった。書き手は、カタカナを使うことでメールに会話らしさを与えている。メールという、話すように書く文章の中で、相手に自分の声を感じてもらいたい。その思いを込めてカタカナを使う。相手にとっての自分の声。これを表すのはカタカナの仕事である。だから「イマイチ」、「ヤッパリ」がカタカナになる。

　小説など不特定多数の読者に向けた読み物では、読者に小説家の個人的な声を聞かせる必要はない。しかし親しい友達とのメールでは、１段階、２段階と外した有標なカタカナが、インパクトをもって書き手の個人的な声を届ける。だからこそ書き手は、心情や情緒を表す語をカタカナで書く。そのカタカナ語を、友達の普段の声や仕草を思い浮かべながら読むであろう受け手が、カタカナが届ける感情の解釈に困ることはないのだろう。

　そんな若者のメールでも、カタカナになりにくい語がある。「それ」、「あ

れ」、「私」など直示表現と、文章の中でまるで影武者のように控えめに登場する諸々の文法的要素である。また、語彙的要素の中でも「土曜日」、「今回」、「院生室」、「敬語」など客観的な事物を表す語は漢字のステータスを失わず、ひらがなにもカタカナにもシフトしない。これらはハードコアの漢字語であるようだ。

英語では

　英語には日本語の文字種にあたるものは存在しないが、多少の類似点はある。例えば抽象的な概念がたいていギリシャ・ラテン語起源の内容語で表され、基礎語彙や機能語はアングロ・サクソン系であることは、日本語における漢字とひらがなの関係を思わせる。また、英語では外来語や外国語をイタリック体で表す傾向がある。

　引用符を使って「いわゆる」「私の意見じゃないけれど」といった書き手からのメッセージを表すこともよくある。さらに、斜体や太字、大文字表記など、フォントという形式を通して感覚的な意味を表すことができる。しかし日本語のように体系化されておらず、ましてや、引用符やフォントがアングロ英語圏のものの見方を示唆するなどということは決してない。

　それでも、文字の使い分けを書き手が個人的に工夫し、それによってメッセージを伝えることは当然ある。私の先輩にあたる高橋作太郎氏によれば、アメリカの小説『ハックルベリー・フィンの冒険』で、作家マーク・トゥエイン（Mark Twain 1835–1910）は標準英語と方言を書き分けることで主人公ハックと黒人の友達ジムを差異化している。2005 年 3 月 3 日の、氏の最終講義のハンドアウトから引用する。

　　Huck: What's the matter with you, Jim ? You been a drinking ?
　　Jim: Drinkin' ? Has I ben a drinkin' ? 　　　　　　　　　　　　[Twain:103]
　　（ハック：どうしたんだよ、ジム。酒を飲んでたのかい。
　　ジム：飲むって。わしが飲んでたって。飲んでるひまがあるって言うだか） 　　　　　　　　　　　　　　　　　　　　　　　　　　　[山本 :124]

Huck: Did you ever see a ghost, Jim?
　　Jim: Has I ever seed a ghos'? Well I reckon I has.　　　　［Twain:534］
　　（ハック：幽霊見たことあるの、ジム？
　　ジム：幽霊見たことあるかって？　そりゃあるだよ）　　　　［山本:430］

諸々の状況から判断して、ハックもジム同様 drinking は「ドゥリンキン」、ghost は「ゴース」と発音していたに違いない。それなのに、ハックのことばは標準語で綴られ、ジムの方は方言の音と文法がそのまま表記されている。かくしてハックは「教養ある」白人階級の一員であり、ジムは「無教養の」黒人であることが明示されるのである。「ジムでは ghost における t の脱落など、子音群の短縮がよく起きる。このように発音に忠実に表記し、標準綴りから乖離すれば、一般読者にとって綴りと意味の関連は不透明になるであろう」とは高橋先生の弁である。

　一般的に方言は、仲間内では親近感を増大させるが部外者には分かりにくい。小説の中で方言の音をそのまま文字化すれば、普通の活字に慣れている読者は違和感をもつだろう。方言表記の違和感、なじみの薄さ、は日本語のカタカナが生む効果に似ている。日本式に言えば、作者にとってハックは身内で、ジムは他者である。

4.1.2　擬音語・擬態語・音象徴

　ここまでで、基本的に漢字とひらがなは書き手の共感を表し、カタカナは共感の欠如を表すことを見た。以下では、文字種が擬音語や擬態語でも効果を発揮することを見る。擬音語はオノマトペとも呼ばれる。

　擬音語と擬態語はそれぞれ、現実の音（声）と事態の様態を描写する表現である。このうち擬態語の方は、「さっぱり［擬態語］している」と「さっぱり［副詞］分からない」など、語彙的な副詞との境界がファジーであるが、「さばさばしている」「ぎくしゃくしている」「あたふたする」など、同音節や類似した音節が繰り返されるものは擬音語・擬態語の類と考えられる。こういった擬音語・擬態語は、単に文の付加的な部分であることが多いが、文

の描写力を増し日本語らしさを醸し出す重要な要素である。「ほっかほかのご飯」の方が「炊きたてで温かいご飯」より確実に聞き手の心に届く。

　擬音語でも擬態語でも、ひらがなは書き手の共感を表し、カタカナは共感の欠如を表す。独創的な擬音語・擬態語で知られる宮沢賢治（1896–1933）は、ひらがな使いが圧倒的に多いのだが、『オツベルと象』では、ひらがなとカタカナをきっぱりと使い分けている。

> オツベルときたら大したもんだ。稲扱器械の六台も据えつけて、のんのんのんのんのんのんと、大そろしない音をたててやっている。……
>
> 象は一せいに立ちあがり、まっ黒になって吠えだした。「オツベルをやっつけよう」議長の象が高く叫ぶと、「おう、でかけよう。グララアガア、グララアガア。」みんながいちどに呼応する。　　　　　　［宮沢 1933:98, 110］

> 　（Ozbel? Now, there was a fine fellow! He'd installed six threshing machines—six, mind you!—and got them going with a steady *thumpety-thump*, *thumpety-thump…*.
>
> 　Rousing themselves, the herd gathered together and began trumpeting till they were purple in the face.
> 　"We'll let that Ozbel have it！" their leader shouted at the top of his voice.
> 　"Come on—let's go！" the others bellowed.)　　　［John Bester（訳）:35, 40–1］

「のんのん」は、6台の稲扱器械が立てる大きな音と、器械の振動で作業小屋がふるえる様子、後ろ手をしたオツベルがぶらぶらと「のんき」に監督をする様子を表している。書き手はオツベルに共感を寄せている。オツベルは自分だ。オツベルには内面があり性格がある。それをひらがなが伝える。
　一方、象の吠え声はカタカナで表記されている。「グララアガア、グララアガア」は象の怒りが噴出した音である。グゥア、グゥアと藪や木をなぎ倒

して象たちが突っ走る。象は他者であり、象の声は単に外の音にすぎない。それをカタカナが伝える。英訳ではこの区別は失われている。英語では「ウチ・ソト」というものの見方をしないからである。

色彩語と文字種

　日本語における「ウチ・ソト」の見方はこの件での色彩語の使用からも窺える。物語の中で、他者である象は「まっ黒」になって吠えだした。なぜ「黒」なのか。

　象が「まっ黒」に見えるのは、作家が、立ち上がった象たちのシルエットだけを見ているからである。他者は外側から眺める対象であり、その心の内は「自分」からは見えない。これに対して英訳では、象たちは「顔が紫色に (purple in the face)」なっている。興奮のあまり顔色が変わったと言っている。英語では象が、オツベルと同様に内面のあるものとして描かれている。

　『宮沢賢治詩集』(宮沢 1969) でも、多くの箇所で黒は他者を描くのに使われている。「わたくしといふ現象は……ひとつの青い照明」[宮沢:10] であり、「お前」と呼ばれる虫は赤、太陽は黄金色か赤、水に映る太陽の影は黄色、等々と色彩豊かな反面で、日が翳った時の水底の木片は黒である。詩人は木片を、よく見えなくて毛虫かナマコのようだと突き放している (宮沢:19–22)。別の詩では、馬がピンと耳を立て青く光りながら、真っ黒の腐植土の道を駆けて行く (宮沢:26)。

　このように漢字の「黒」が他者を描くのに対して、ひらがなの「くろ」には共感がこもる。臨終の妹とし子は「髪だっていっそうくろいし、まるでこどもの苹果(りんご)の頰だ」[宮沢:55]。また、雪がもうもうと灰のように降ってくると、「つつじやこならの灌木(かんぼく)も、まっくろな温石(おんじゃく)いしも、みんないっしょにまだらになる」[宮沢:92]。

山はうるうると

　擬音語と擬態語の区別は自明ではないが、それを踏まえた上で、ここからは擬態語に的を絞ることにする。『どんぐりと山猫』の「にゃあ」と「うる

うる」から始める。

　ね床にもぐってからも、山猫(やまねこ)のに・ゃ・あ・とした顔や、そのめんどうだという裁判(さいばん)のけしきなどを考えて、おそくまでねむりませんでした。
　けれども、一郎が眼をさましたときは、もうすっかり明るくなっていました。おもてにでてみると、まわりの山は、みんなたったいまできたばかりのようにうるうるもりあがって、まっ青なそらのしたにならんでいました。　　　　　　　　　　　　　　　　　　　　　　[宮沢 1933:22]

　(Even after he'd crept into bed that night, he still kept imagining Wildcat's face with its cat's grin, and the scene at tomorrow's trial, and so many other things that he couldn't get to sleep until quite late.
　When he awoke, though, it was already broad daylight. He went outside, and there were the hills lined up beneath a bright blue sky, rising as fresh and clean as though they'd just been made.)　　　　　　[John Bester (訳):23]

　まず「に・ゃ・あ・」を見る。作家は「にゃあ」にルビをふることで個々の文字を強調し、語を音の列に見せている。それでも、ひらがながニャアと鳴く猫の顔を想像させる。この「に・ゃ・あ・」は、音でありながら様態、擬音語でありながら実は擬態語である。先の「のんのん」もそうであった。ちなみに英語ではルイス・キャロルの『不思議の国のアリス』(1865)以来、cat's grin と言えばチェシャ猫の不敵なにんまり笑いが知られており、当然ながら英訳はこれを利用している。
　「にゃあとした顔」、「うるうる」など宮沢賢治はかなり独創的である。「うるうる」は日本語の母語話者にもよく分からないかもしれない。英語訳では fresh and clean と訳しているが、これは「うるうる」が分からなくて困った果てに、原文の「たった今できたばかりのように」から想像できる常識的なイメージをことばにしたと見える。
　日本語で「うるうるする」とは泣きそうになることである。「潤んだひとみ」、「眼を潤ませて」など「うる」は水気を感じさせる。山がうるうるして

いたとは、山の木々の葉っぱが朝露に濡れていたに違いない。そのために光って大きく見えた。

ほかに「うるうる」を使った例としては、

> 火山礫の原っぱで昼食代わりに一つの赤い苹果(りんご)をたべる。うるうるしながら苹果(りんご)に噛みつけば……　　　　　　　　　　　　[宮沢 1969:88]

> 掠奪のために田にはいり、うるうるうるうると飛び……　[宮沢 1950:57]

がある。第1の例ではかさかさに乾いた地面と対照的にリンゴの水気や詩人の唾液が感じられ、第2の例では田んぼの水気が感じられる。もし読者が個人的に「すがるように噛みつく」「楽しそうに飛ぶ」などと感じとったとしても、それはそれで構わない。そういう自由なところが日本語の擬態語にはある。

擬態語のルーツ

では、擬態語の語形成を予測することは可能だろうか。文法として形式化できるだろうか。答えはイエスでありノーでもある。ある程度は可能だ、というのが実情である。

擬態語の形成法には、本書が命名するところの①うるうる系、②さくさく系、③ぴりぴり系があり、このうち①と③はある程度の予測が可能である。②は形式化を拒絶する。

表4-2　擬態語のルーツ

	語形成の方法	例
①うるうる系	音象徴。対応する漢字語から派生	うるうる、のんのん、ブルブル、いぶいぶ
②さくさく系	音象徴。共感覚に依存	さくさく、あたふた、ちかちか、ぎくしゃく
③ぴりぴり系	音象徴。対応する擬音語から連想	ぴりぴり、カチカチ、ぺったり、がらん

潤いを表す「うるうる」、呑気を表す「のんのん」は、もともとの「うるむ」、「のんき」という音がいかにも潤沢な感じ、呑気な感じを伝えるアイコンである。このように音が感覚的な意味を表すことを音象徴（sound symbolism）という。

音象徴的な表現は、①の「うるうる系」のように既成の語との音形の類似性から意味を獲得したり、③の「びりびり系」のようにできごとの場面の記憶から連想によって定着したりするが、もうひとつ、共感覚（synesthesia）にのみ依存して生成される場合がある。それが②の「さくさく系」である。

共感覚と音象徴

ウルマン（Ullmann 1951）によれば、共感覚とは、単なる連想や想像ではなく、音楽を聞いたら色が見えるようなことである（Ullmann:225）。共感覚の記録は紀元前2〜3世紀に遡り、古代の中国、日本、インド、ペルシア、アラビア、エジプト、バビロニア、パレスティナで観察されている。ギリシャでも神話で多く見られ、プラトンやアリストテレスによる分析も記録されている（Ullmann:268）。これによれば、日本語の擬態語においては視覚から聴覚への転換が起きていることになる。すべての人が共感覚を持っているわけではなく、いつか誰かから生じたものが慣習的に定着したと思われる。

ライチャードら（Reichard, Jakobson, and Werth 1949）によれば、共感覚はすべての音に対して見られるわけではなく、共著者の一人で共感覚をもつワースの場合は母音の方が子音より色彩がくっきりと見え、子音のうち無声閉鎖音は前後の母音の色彩に同化してしまう（Reichard, Jakobson, and Werth:226）。また、音と限らず、人によっては数字、楽器、日、月などに色彩を感じることがあるが、その場合も散発的である。ライチャーズらは、子供には共感覚があるということが言語習得の数名の研究者から報告されている事実を指摘するとともに、大人になってもその能力を保持している被験者5名[1]から得られた音と色の対応を報告している。

共感覚が個々人の感覚を指す用語であるのに対して、音象徴はこれを言語の側から捉えた用語である。音象徴は共感覚と限らず連想に由来して生

じることもあり、一種の言語的な意味として代々の話者に受け継がれる。現在までに、特に基本母音の音象徴については研究者の間で見解が一致しており、[a]、[o]、[u] は暗く温かく柔らかい感じであり、[e]、[i] は明るく冷たく鋭い感じであるという (Jespersen 1921; Whorf 1956; Jakobson and Waugh 1979; Jeffries 1998)。色彩で言えば、[a] は赤い、[o] と [u] は暗色、[i] は黄色あるいは白いという直感が複数の研究者から報告されている (Jakobson and Waugh:194)。これによれば、日本語の「白」「黒」「赤」はそれぞれ、[i]、[u]、[a] を第1音節に用いており、非常に感覚的であると言える。

現代において特に [i] について定説となっている見方をイェスペルセンから引用する。

> The vowel [i], ... is particularly appropriate to express what is small, weak, insignificant, or, on the other hand, refined or dainty. 　　[Jespersen 1921:402]
> (母音の [i] は、小さいもの、弱いもの、取りに足りないもの、また一方では洗練されたものや華奢なものを表すのに特に適している)

まとめると、[i] は何であれ量的に少ないことを表し、(鈍くなく) 鋭い、(湿っておらず) 乾いている、(熱くなく) 冷たい、あるいは (暑くなく) 寒い感じを伝える。小さいことを表すのに tiny よりも teeny の方がいっそう小さく感じられ、Margaret を Maggy と呼んで親しさ、つまり距離感の少なさを表すのも、[i] という音の効果である。

もうひとつ、bunkum/buncombe (駄弁) には逸話がある。1820年代のアメリカの国会で、ノースカロライナ州 Buncombe 郡出身の議員が長々しくつまらないスピーチをした。このことから、つまらない政治演説などを bunkum と呼ぶようになったが、それというのも音の感じが意味とぴったり合っていたからである。この議員の出身地が Annapolis あるいは Philadelphia だったなら、こうはならなかっただろう、とはイェスペルセンの言である (Jespersen 1921:408-9)。

音象徴は、子音や、子音と母音の連結によっても生じる。たとえば子音の［t］、［p］、［k］はこの順序で小から大に移行するイメージがあり、それは母音の［i］、［u］、［a］に対応する（Jakobson & Waugh:185）。閉鎖音はその種類によって打撃や接触の感じが変異し、鼻音、摩擦音、流音も意味をもつ（Jeffries 1998; Jakobson and Waugh 1979）。悪態をつく時の nincompoop は、［u:］が愚かしさを表して（Bolinger 1965:200）、いかにも「あんぽんたん」といった感じである[2]。

「うるうる」系

音象徴は日本語では特に顕著である。日本語がまだ文字をもたなかった頃には、感覚のおもむくままにことばが作り出され、人々は音象徴を習わずして知っていたに違いない。多くの概念がもともと、いかにもそれらしい音で表現されていた。漢字が到来した時に、この「それらしさ」は漢字に乗り移り、漢字から逆にイメージが喚起されるようになった。

音象徴は概念的意味によって容易に取り消される不安定な意味である。たとえば「うるむ」と同じ音が使われている「うるさい」という語は、水気とは関係ない。しかし、音の感じと概念が一致する場合は強力である。「どんぐりと山猫」の「うるうる」は、「潤む」に支えられてその感覚的意味を確実にする。

この他にも、寒くて、あるいは緊張して震えることを「私は家でブルブルしています」などと言う人がいる。ここでは「震える」が「ブルブル」の意味を支えている。カタカナがいかにも寒そうだ。もう１つ、数年前の新宿歌舞伎町の火災で、目撃者の１人がテレビ中継の取材に応じて言った。「いっかな消えなくて……いぶいぶと燃えてねえ」。明らかに「いぶいぶ」は「燻る」からの即席の新造語である。こういった日本語の造語力、日本人の感性は、漢字とかなの連携プレーに支えられて存続する。

この流儀でいけば「うごうご（動く）」、「カタカタ（語る）」、「すーすー（進む）」、「ワラワラ（笑う）」、なども使える理屈である。実際に「市民権」を得ている例は多い。どれも漢字の訓読みを利用した擬態語である。ほんの一部

を挙げる。

「いきいき(生きる)」	「くらくら(眩む)」
「ざわざわ(騒ぐ)」	「しぶしぶ(渋る)」
「せかせか(急かす)」	「ぴかぴか(光る)」
「ふうふう(吹く)」	「ブクブク(噴く)」
「もりもり(盛り上がる)」	「ゆらゆら(揺れる)」

　文字種は、書き手によって、また文脈によって変異する可能性があり、上の例でも「ざわざわ」などはカタカナでも合いそうである。しかし「ブクブク」は「ぶくぶく太る」などの「ぶくぶく」との混同を避けるためにもカタカナが選ばれる可能性が大きい。
　この仮説には「*おどおど(踊る)」、「*すべすべ(滑る)」、「*ゆるゆる(緩む)」など反例がすぐに見つかる。「おどおど」は臆病そうな様子、「すべすべ」は肌がすべすべと決まっている。これらは用法がすでに定まった、いわゆる先取り(preemption)の現象と考えられる。「ゆるゆる」は「(ズボンが)ゆるゆるだ」、「ゆるゆると始めましょうか」などは言える。それにしても「*あるある歩く」「*はしはし走る」も使えない。擬態語では自由な創作が許されるとはいえ、言語慣習からの縛りもまた逃れがたく存在する。

「さくさく」系
　上で見たように、語彙化された漢字語をもつ「うるうる」系の擬態語は、漢字によって客観化されているため、ある程度の説明が可能である。しかし他の多くの擬態語は、対応する漢字語をもたず、ひたすら共感覚にのみ依存して創作され、継承され、あるいは忘れられていく。「さくさく」系の擬態語である。
　後藤(2007)は、次の例はどれも、様態と音が直接、感覚によってのみ結びついたとしか説明のしようがないと言う(後藤 2007:19–21)。

<u>さくさく</u>仕事を片付ける
　　上司が<u>カリカリ</u>している
　　驚いて<u>あたふた</u>する

　堀江（2000）には「さくさく」系の例が多く見られる。

（18）　<u>ひょろひょろ</u>流れ出している湧き水が目に留まり、おぼつかない腰つきでその泉へしゃがみこんだ　　　　　　　　　　　　　［堀江:11］
（19）　雲間から差し込んだ頼りない陽光にも銀のピアスが<u>ちかちか</u>と反射してどうにも落ちつかない　　　　　　　　　　　　　［堀江:23］
（20）　丘の起伏に沿って<u>くねくね</u>まがる見晴らしの悪い道をたどり、
　　　　　　　　　　　　　　　　　　　　　　　　　　　　　　［堀江:39］
（21）　説明されてもなんだか<u>ぴん</u>と来なかった　　　　　　　［堀江:72］
（22）　むかし彼が両親と<u>ぎくしゃく</u>していたのは、……ヤンが感じている悲しみの位相が理解されなかったからではないか　　　［堀江:79］

（18）から（22）の擬態語には対応する漢字が存在せず、漢字に頼って様態をイメージすることができない。これらの様態はまた、共起する音をもたず、したがって擬音語からの連想でない点で、次に述べる「びりびり」系とも異なっている。それでも「ひょろひょろ」は細々と頼りない感じを、「ちかちか」は眩しく、「くねくね」は曲がりくねった感じをよく伝える。（22）の「ぎくしゃく」は反感を寄せることがらであり、カタカナで表記してもよいところだ。ひらがなで書いたために、ぎくしゃくした人間関係を著者が自分のことのように受け入れている印象が生じ、悪い感じが抑えられる。

「びりびり」系
　「びりびり」系は、擬音語からの連想に由来する第3のタイプの擬態語である。

ビリビリになった雑誌
　　ザーザー降りの雨
　　カチカチに凍った池

　紙を破る、雨が降る、氷を割る、といったできごとを経験した人は、そのできごとに伴う音を記憶にとどめる。次には、破られた紙を見ると破られる時の「ビリビリ」という音を連想する。激しく降る雨を音の聞こえない部屋から見る時にも、「ザーザー」と降っていると思えてくる。硬く凍った氷は割らなくても「カチカチ」な気がするし、ひどく緊張している人もまた「カチカチ」である（後藤 2007:15）。
　ふたたび堀江(2000)から「びりびり」系と思われる例を挙げる。

(23)　狭い額にぺったりと髪をなでつけ、……　　　　　　　　［堀江:31］
(24)　食卓につくりつけになっている引き出しをがさごそ漁ってなんとか
　　　二人分のティーバッグを探り当てると、……　　　　　［堀江:43］
(25)　港はがらんとして車の通りもなく、　　　　　　　　　　［堀江:55］
(26)　ふっと黙り込んで私の手から本を取りあげると　　　　　［堀江:57］

　紙に糊を塗りつける時には(23)のように「ぺったり」、あるいは「ぺたぺた」といった音が出ることもあろう。(24)の「がさごそ」は音そのものを擬態語として使った例である。(25)の「がらん」は、空っぽのブリキ缶などを転がした時の音を思わせる。人気のない港を空っぽの容器に見立て、連想によって「がらん」と言った。(26)は、ろうそくの炎を吹き消した時のように急に音が消えた様子を「ふっ」という息の音で表現したものである。
　最後に寺島尚彦(1930–2004)作詞・作曲の「さとうきび畑」から第1節を引用する。寺島氏はエッセイの中で、怒濤のような風の音を表現する言葉を探して「ざわわ」に辿り着くのに1年半かかった、と述べている（寺島 2007:20,34）。風の音を表す擬音語でありながら、それを聞く人の深い思いを表す擬態語でもある「ざわわ」は、当然ながらひらがなで表記されている。

ざわわ　ざわわ　ざわわ
広いさとうきび畑は
ざわわ　ざわわ　ざわわ
風が通りぬけるだけ
今日も見渡すかぎりに
みどりの波がうねる
夏の陽ざしのなかで

　以上、この節では、日本語の文字種が「ウチ・ソト」の区別にもとづく共感関係を指示すること、変則的に見える文字使いも実は整合的に書き手の心情を表すことを見た。また、文字種が擬音語・擬態語でも効果的に使い分けられていること、擬態語の語形成がある程度予測可能であることを論じた。

注
1　データ提供者には著者であるヤコブソンとワースの他にウラジミール・ナボコフ（V. Nabokov）が含まれている。
2　音象徴を利用した言語表現は英語の様態動詞にも見られ、特に「話す」と「歩く」には音象徴的な多くの類義語がある。「歩く」から一部を例示する。
　　amble ゆっくり歩く、creep 忍び足で進む、hobble よたよた歩く、inch 少しずつ動く、limp 片足を引きずるように進む、lumber のしのし歩く、lurch よろめきながら歩く、march 行進する、meander 曲がりくねって歩く、mosey ぶらぶら歩く、pad 足音をたてずに歩く、parade 練り歩く、plod とぼとぼ歩く、prowl うろつく、saunter のんびり歩く、scramble きびきびと這って進む、scurry せわしなくちょこちょこ歩く、shamble よろよろ歩く、shuffle 足をひきずって歩く、slouch 前屈みに歩く、stagger よろめき歩く、stray 迷い歩く、stride 大股で歩く、stroll ぶらつく、strut 気取って歩く、swagger 威張って歩く、tiptoe つま先で歩く、toddle よちよち歩く、totter よろめき歩く、tramp ドシンドシン歩く、troop ぞろぞろ進む、waddle よちよち歩く、wade 苦労して進む、wander さまよう、zigzag ジグザグに進む

第5章　小説が伝える「ものの見方」

　本書の第1章から第4章では、言語はその言語圏の文化に特有の「ものの見方」を反映するという想定のもとに、英語と日本語の文法からいくつかの項目を選んで記述した。この最終章では、これまでに文法の中で観察された「ものの見方」の違いを大きな文脈の中で確かめるべく、英語と日本語の小説をその翻訳版と比較する。原文と翻訳を比較すると、2つの言語で往々にして、同じ事実の描き方が違い、状況の見え方が異なっている。その違いは、文というミクロな単位で発見された違いに通じる。

　言語と文化については、本書では英語に関しては特にイギリス、アメリカを中心とするアングロ文化圏を念頭に置いている。また、英語とアングロ文化、日本語と日本文化の場合は確かに相関性を語りやすいが、世界には、スペイン語とメキシコ文化など、歴史的な経緯があって言語と文化の相関性を語るのが困難な場合もあることは言うまでもない。

5.1　小説を翻訳する時に世界が変わる

　先に第1章「時制と相の日英対照」では、英語の話者が発話時に視点を固定し、過去から未来への客観的な時間の流れに忠実に文を作ることを見た。それに対して日本語では、話者が視点を自在にシフトさせて間近から事態を見るため、客観的な時間の流れに頓着しない傾向があった。5.1.1では、これに通じる特徴が、英語と日本語の小説が描く世界にも見られることを論じる。

　第2章「主語と目的語の日英対照」では、英語の話者が主語と目的語を

文の中心に置いて事態を表すのに対して、日本語では話者が主語に共感を寄せ、いわば主語になり代わって事態を描写することを見た。5.1.2 ではこの観点から小説の世界を観察する。

　第 2 章ではまた、英語では主語と目的語が個体であり、基本構文が個体間の因果関係を表すのに対して、日本語の主語つまり「自分」はさまざまな身内からなる複合体であることを見た。目的語は第 1 義的に主語の身内であり、基本構文はもっぱら主語を描写するものであった。5.1.3 ではこの違いに注目し、小説が描き出す世界を検証する。

　例証に用いる小説の文章は、不特定多数の書き手の文章を代表すると思われる一般的なものを選んだ。「一般的」とは、書き手が誰であるかに関係なく、文章が英語あるいは日本語として自然であることである。自然に容認される文章が描き出す世界に、英文法と日本語文法の特徴が一貫して観察されるかどうかを検証するのが本章の目的である。

5.1.1　直線とパッチワーク

　英語は時間の流れに忠実で日本語は没時間的という言語上の違いは、文化的な違いでもある。そのことは、たとえば西欧の絵画と日本の浮世絵を見ても分かる。西欧で伝統的に用いられてきた遠近法の技法では、画家は絵のこちら側という立ち位置を守り、近くの物は大きく、遠くの物は小さく描く。この大と小の関係は、画家が時間の流れを意識していることを表している。遠くまで行くには時間がかかることを遠近法が示唆している。

　日本の浮世絵では、人物の絵に影ができない。正面から顔を描いているのに鼻が横を向いている。いったい画家はどこに立ち、どの方角から対象を見ているのか。

　浮世絵の絵師は、対象のすぐ近くにいる。正面から見たり横にまわったりする。そうやって近視眼的にバラバラに見たものを、パッチワークのように紙の上に並べる。時間の流れは意識されず、いろいろな断片が集まって空間的な全体性が形成される。

　小説についても同じことが言える。英語の小説が描く世界は時間を意識し

第 5 章　小説が伝える「ものの見方」　195

たものの見方を反映し、日本語小説の世界は空間を指向する。たとえば村上春樹の『羊をめぐる冒険』の本文中の第 1 章から第 3 章までの見出しを拾って対照するとこうなる。

> 第一章　1970/ 11/ 25
> 　水曜の午後のピクニック
> 第二章　1978/ 7 月
> 　1. 十六歩歩くことについて
> 　2. 彼女の肖像・写真の消滅・スリップの消滅
> 第三章　1978/ 9 月
> 　1. 鯨のペニス・三つの職業を持つ女
> 　2. 耳の開放について
> 　3. 続・耳の開放について

> Part One: A Prelude
> 　1. Wednesday Afternoon Picnic
> Part Two: July, Eight Years Later
> 　2. Sixteen Steps
> 　3. The Slip
> Part Three: September, Two Months Later
> 　4. The Whale's Penis and the Woman with Three Occupations
> 　5. Unblocked Ears
> 　6. The Further Adventures of Unblocked Ears

　先に英訳を見ると、章を超えて見出しに通し番号が付いていることから、1 つの話の連続であることが示唆される。また Part One の Prelude に始まり Part Two: July, Eight Years Later（その 8 年後の 7 月）と Part Three: September, Two Months Later（2 ヶ月後の 9 月）の Later が時間の経過を明示する。さらに Part Two の 2 と 3 の関係は、まるで「16 歩前に進んで滑った」とでも言っ

ているかのような連続を思わせ、Part Three 5 と 6 でも Adventures が続くことを Further が伝える。全体として、できごとが時間の中で展開することをイメージさせる。

日本語の原文では、「何年何月」という外枠を与えられた 3 つの章が個別に存在する。章の中では節が寄り合っているが、時間は流れていない。「16 歩歩く」は「ことについて」が付いて概念化し、移動を感じさせない。第 3 章第 3 節の「続」も、むしろ仕切り直しの観がある。さらには節の中にも、さまざまな項目が集められている。

図 5-1 は実際の目次である。ちなみに英訳には目次はついていない。

羊をめぐる冒険（上）

目次

第一章　1970/11/25
　水曜の午後のピクニック
第二章　1978/7月
　1　十六歩歩くことについて
　2　彼女の消滅・写真の消滅・スリップの消滅
第三章　1978/9月
　1　鯨のペニス・三つの職業を持つ女
　2　耳の開放について
　3　続・耳の開放について
第四章　羊をめぐる冒険 Ⅰ
　1　奇妙な男のこと・序
　2　奇妙な男のこと
　3　「先生」のこと
　4　羊を数える
　5　車とその運転手(1)
　6　いとみみず宇宙とは何か？
第五章　鼠からの手紙とその後日譚
　1　鼠の最初の手紙　消印一九七七年十二月二十一日
　2　二番目の鼠の手紙　消印一九七八年五月二日
　3　歌は終りぬ
　4　彼女はソルティー・ドッグを飲みながら波の音について語る
第六章　羊をめぐる冒険 Ⅱ
　1　5000
　2　夏の終りと秋の始まり
　3　車とその運転手(2)
　4　奇妙な男の奇妙な話(1)
　5　奇妙な男の奇妙な話(2)
　6　日曜の午後のピクニック
　7　限定された執拗な考え方について
　8　いわしの誕生

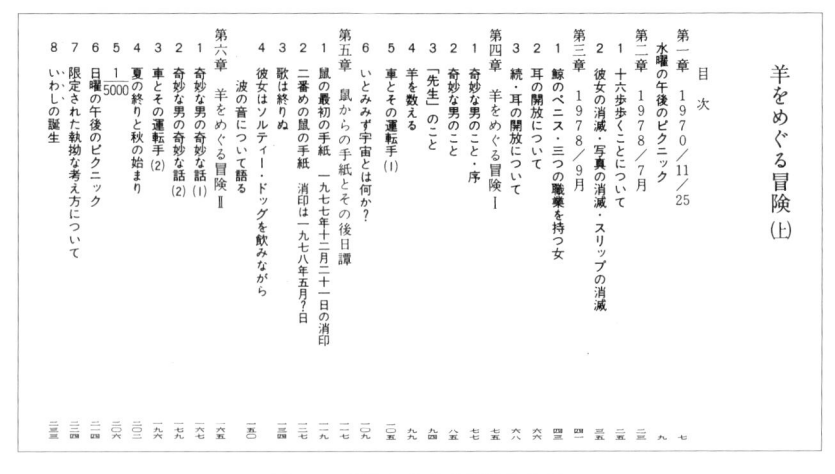

図 5-1　『羊をめぐる冒険』目次

この目次を見ると、項目の並ぶ様子が「幕の内弁当」を思わせる。幕の内弁当では、1 つの空間が薄い仕切りで区切られ、仕切りの中には焼き物、煮もの、てんぷら、漬物など、それぞれが種類別に詰め込まれる。実はこの状態こそが日本人の世界観であり、日本語に組み込まれた「ものの見方」に他ならない。折箱のような、抜け出せない「世間」の中で、身内どうしが寄り集まり、近隣にいる他者と一線を画す。その境界線は折箱の中の仕切りのように薄く目に見えにくいが、心理的に実在する。折詰めのてんぷらと漬物に連

続性が欠如しているように、身内と他者がパッチワークのように隣り合わせる。同じように、『羊をめぐる冒険』の目次は、小説の中であれやこれやの場面がつなぎ合わされることを暗示している。

　青山（1996）によれば、『羊をめぐる冒険』の英訳では全編を通して西暦が排除されている。この小説は以前から英米の多くの書評で、①登場人物に名前がないこと、②比喩が極端に多いこと、が特徴として挙げられていたが、西暦が消されることで、③時間がはっきりしない、という特徴が新たにつけ加わる。時間が消えると、作品は「がぜんミステリアス」で「寓話っぽく」なる（青山:107-09）。

　確かに、西暦が消されると現実との結びつきが消える。それでも Eight Years Later, Two Months Later が、現実から切り取られたエアポケットの中で、局所的であれ確実に、時間が流れていることを示唆している。

　英語の小説を見ると、順を追って起きる変化がうまく表現される。たとえばバクスターの短編小説 Gryphon（「グリフォン」）ではこうなる。

> This cough began with a series of muffled throat-clearings and progressed to propulsive noises contained within Mr. Hibler's closed mouth.
> 〔Baxter 1985:165〕

> くぐもった咳払いがひとしきり続いたかと思うと、咳はだんだんと激しさを増し、やがてヒブラー先生の閉じた口の中から大きな音が勢いよく洩れ始めた。
> 〔田口（訳）:206〕

英語では、主語である「咳（this cough）」の始点、経路、着点がこの順序で登場し、語句が並ぶ順序によって事態の時間的な進展が表される。書き手は「咳」から視点を外すことなく、「咳」が着点に達するまで見通している。

　一方、日本語訳には「咳払い」「咳」「大きな音」という3つの主語が登場する。原文の直線が3つに分断され、原文では「咳」の着点であった「口の中」が日本語訳では「大きな音」の始点に変わるなど、できごとが向きを変

えて接ぎあわされている。もちろん、意味を考えれば原文と同じできごとが描写されているのだが、時間的な変化を直線に乗せて表す英語と、できごとの集まりとして表す日本語では、ずいぶんと印象が違う。

　次の場面でも、原文が描く1つのできごとが日本語訳では4つに分断されている。

> Kelly ... pulled at the book, shoveling along in front of it several pencils and crayons, which fell into his lap and then to the floor. ［Baxter 1985:173］

> ケリーは…両手で教科書を引っ張り出した。そのとき教科書の手前にあった鉛筆やクレヨンも一緒に引き出され、それらが彼の膝の上に落ち、それから床に落ちた。 ［田口（訳）:215］

英語では、Kellyと本の関係に始まって、鉛筆・クレヨン、膝、床、という順に文の焦点が移動する。それが現実のできごとの連鎖をそのまま表しているところに英語の時間指向性が見られる。日本語の場合、焦点は主語に集中するため、それ以外の要素について語るには仕切り直してこれを主語に立てる必要がある。その結果、文が増える。

　次にフィッツジェラルドの *The Great Gatsby*（『グレート・ギャッツビー』）から、賑やかなパーティが終わって豪邸に独り残された主人公を描いた文章を村上訳と対照する。

> A wafer of a moon was shining over Gatsby's house, making the night fine as before, and surviving the laughter and the sound of his still glowing garden. A sudden emptiness seemed to flow now from the windows and the great doors, endowing with complete isolation the figure of the host, who stood on the porch, his hand up in a formal gesture of farewell. ［Fitzgerald:55］

> ウェハースのように平べったい月が、ギャッツビーの屋敷の上に輝き、

かわることのない優しい彩りを夜に添えていた。庭園から笑い声やいろんな物音が消えた今、屋敷の中に急に生じた空白が、そこらじゅうの窓や大きな戸口から外にこぼれ、ポーチに立って手を挙げ、格式ばった別れの挨拶を送っている主人(ホスト)の姿に一分の隙もない孤独感を賦与していた。

［村上(訳):107］

英語を読むと、survive という動詞の語彙的意味から、パーティの間も月はずっと輝いて屋敷の人々と庭を照らしていたのだと分かる。さらに進行相の shining と、同じく -ing 形の making, surviving が、先立つ時間に始点があって今に至っていることを含意している。今やパーティが終わり賑わいは消えたが、月はまだ輝いて庭を照らし続けている。英語の方はこのように、第 1 文が早々に時間の流れを導入する。文の中で時間が流れている。

第 2 文では、complete isolation（孤独感）のうしろの位置に the figure of the host（主人の姿）を回すことにより、「孤独」が「主人」より大きな作用域をもつ関係が生じ、ギャッツビーが孤独に浸っていることが伝わる。そのギャッツビーが手を振る様子がいっそう孤独感を強め、最後に farewell（別れ）が否応なく終焉を合図する。

日本語では、過去と切り離された「今」だけが描かれる。月の光、消えた笑い声、屋敷の中の空白、ポーチに立つ主人、手をふる孤独な姿、などが現在という「空間」を満たしている。英語ではギャッツビーの姿がクローズアップされて終わるのに対して、日本語訳では、家の主人は単に光景の一部分と化している。

このように日本語の世界がパッチワーク状態になるのは、「……輝き、……添えていた」の継続相が没時間的であることに加えて、SOV 型で動詞が文末に来るという日本語の特徴によるところが大きい。SVO 型の英語と違って SOV では、目的語を第 2 の動作主体と見てできごとの連鎖をつなぐことを動詞が遮る形になるからだ。しかし、そのような語順の特徴自体が、主語に心を寄せ、ひたすら主語を描写したいという日本語の動機に由来すると考えられる。

日本語の書き手は、自分の見たいものだけを没時間的に見る。書き手が眼前の空間だけを見ている例を吉本ばなな著『キッチン』から引用する。

　　窓辺で、かすかな明かりに浮かぶ植物たちが十階からの豪華な夜景にふちどられてそっと息づいていた。夜景―もう雨は上がって湿気を含んだ透明な大気にきらきら輝いて、それはみごとに映っていた。　［吉本:24］

　　Suspended in the dim light before the window overlooking the magnificent tenth-floor view, the plants breathed softly, resting. By now the rain had stopped, and the atmosphere, sparkling, replete with moisture, refracted the glittering night splendidly.　［Backus（訳）:16］

電気を消したので部屋の中は暗いのだが、都会の明かりが窓辺の鉢植えに輪郭を与える。この植物が「夜景にふちどられて」いると見えるのは、主人公がマンションの窓ガラスを見ているからである。「十階からの豪華な夜景」と言っても、眼下を見おろしているわけではない。夜景の方が下から上がってきた形だ。窓ガラスという平面の上で、鉢植えと夜景が距離感を失って重なり合う。夜景は窓ガラスに「映っている」のである。
　原文と違って英訳では、自然な立体感と時間性が復元されている。窓が夜景を上から見おろす（overlooking）立体的な関係が表現され、雨はもう上がったという時間の前後関係が過去時制完了相 had stopped で表される。湿気が残っていて光が屈折する（refract）のが原因で夜景が美しく見えるのだという因果関係まで補足して、英訳は原文よりぐんと客観性を増している。
　情景を立体的に見ることと時間の流れを意識することは連動する。現実の立体空間で起きるできごとは刻々と様相を変えるため、これが1つのできごとであることを見失わないためには時間の観念が必要である。逆に、情景から立体性を消し去ると時間性も消える。上の「夜景」の例でも、日本語の原文では現実が立体性を失い、1枚の静止画の趣を呈している。
　しかし、現実に時間が流れることは誰にも否めない事実である。遠近法を

使わずに、1枚の「絵」の中で時間の流れに言及したい時はどうするのか。『キッチン』にヒントがある。みかげと雄一が引っ越しハガキを書く場面である。

> 透明にしんとした時間が、ペンの音と共に一滴一滴落ちてゆく。
> 　　　　　　　　　　　　　　　　　　　　　　　　［吉本：41］

> The scratching of our pens mingled with the sound of raindrops beginning to fall in the transparent stillness of the evening.　［Backus（訳）：28］

　閉ざされた空間の中で、流れる時間は行き場を失って下に落ちていく。絵の底に溜まるのだ。この種の表現は「夜の帳(とばり)が落ちる」「出会いを重ねる」など、ごく普通に用いられる。もちろん英語でも But death, while it hovered over him, did not descend［Grey:11］（……死の恐怖におののき始めた。だが、それは、思い過ごしだった）［仙名（訳）：16］、Twilight was fast falling［Grey:19］（つるべ落としに夕闇が迫ってきた）［仙名（訳）：26］など、時間的な状態変化を下向きの動きとして表すことがある。しかし、time つまり時間の流れ自体が「落ちる」ことはない。

　『キッチン』における時間は、まるで物のように「透明」で、物のように下に落ちる。音も下に落ちる。絵の底で、時間と音が次元の違いを超越して並ぶ。

　英訳では、落ちているのは raindrops（雨滴）だけである。透明でしんとしているのは時間ではなく evening（夜）である。その夜の静けさの中で、雨滴の落ちる音とペンのカリカリという音が混じり合う。ここには、原文とは違う現実的な世界がある。

　ちなみに、原文のどこを見ても雨は降っていない。訳者にとって「時間が一滴一滴落ちてゆく」は、「時間が落ちる」と「滴が落ちる」で二重に難しかったようだ。日本語の読者なら、「滴」の方はハガキを書く万年筆のインクの滴かと想像がつくのではないだろうか。実際に次の頁で、「雄一は女の

子を万年筆とかと同じようにしか気に入ることができない」云々という件がある。少なくとも雄一は万年筆を使うようだ。

5.1.2　話者の位置—オフステージとオンステージ

　日本語小説とその英訳を比べると、英訳で情景描写の順序が変更されたり一部分が削除されたりすることがある。一方、英語小説の日本語訳ではそういった変更があまり起きないが、訳文が日本語としてはやや不自然な感じになることが多い。これは何故だろうか。

　英語の書き手は、情景が自分にも読者にも分かりやすいよう客観的に描く。そのために情景の全体が視野に入る位置、すなわち認知言語学の用語を借用すればオフステージの位置に身を置き、遠近の関係や、外から内への順を守って対象を描写する。一方、日本語の書き手は、情景の中つまりオンステージに身を置き、主観のおもむくままに描写する。読者は書き手に導かれるままに情景を心に取りこむことが期待される。

　村上春樹の「レーダーホーゼン」は、日本語から英訳されたものを原著者自身がさらに日本語に訳したという珍しいケースである。まずは日本語原文①とその英訳②を比較する。

①それはとても気持の良い初夏の昼下がりだった。町を横切って流れる川は涼しげな水音を響かせ、岸辺の草はその緑の葉を風になびかせていた。丸石敷きの古い街路がゆるやかな曲線を描きながらどこまでもつづき、いたるところに猫の姿が見受けられた。彼女は目についた小さなコーヒー・ハウスに入り、そこで昼食がわりにチーズ・ケーキを食べ、コーヒーを飲んだ。街並みは美しく、静かだった。　　　　［村上 1985a:28］

② It was a delightful early-summer afternoon and a quaint old-fashioned town. Through the middle of the town flowed a babbling brook, its banks lush and green. Cobblestone streets led in all directions, and cats were everywhere. The mother stepped into a café for a bite of *Käsekuchen* and coffee.　　　　　　　　　　　　　　　　　　[Birnbaum:125]

　①の日本語では、「とても気持が良い」という書き手の感想が述べられた後、すぐに川に目がいく。次に街路の曲線、猫、コーヒーハウスと視線が移り、最後にもう一度、街並みを見渡して感想を述べている。書き手の主観が赴くままの情景がその順に述べられている。

　②の英訳では、delightful という、書き手自身の感情というよりは early-summer afternoon の属性を表す形容詞が用いられ、誰でも気持よく感じるような気候だったという表現に変わっている。次に a quaint, old-fashioned town として町全体を視野に収めることにより描写の枠組みが作られる。その町の内部を描写するにあたっては、町の「中央」を流れる川、「八方」に延びる街路という表現が、町の中の地理を正確に伝えてくる。この全体と内部の関係は、原文にないことを創作してまでも言わねばならないことであった。

　これらの変更によって英語の文章は客観性を帯びてくる。英語では、情景が書き手とは独立に存在している。

　日本語の原文では、書き手は川を見る時は川だけを、街路を見る時は街路だけを見ている。書き手が情景の中に入り込んでいるため、川は自分から見て町の向こうの方まで流れ、街路は自分の目の届く限りどこまでも続くと見える。日本語では自分が中心である。

　その自分は主人公の「彼女」と一体化している。だから彼女の身になって、「目についた小さな」「昼食がわり」という個人的な事情も盛り込みたい。しかもそれが、予約してあった立派なレストランではなく小さな喫茶店であり、正式の昼食ではなく間に合わせの腹ごしらえであるという控えめなところにも書き手の愛情がこもるのが日本語だ。そうして最後にもう一度、街並みが「美しく静か」なことを心に取りこんで落ち着くのである。日本語の文章は、自分中心のものの見方を反映している。

　英訳では、この(英語的には)蛇足としか見えない最後の感想はもちろんのこと、個人的で瑣末(と英語では思われがち)な「目についた小さな」と「昼

食がわり」も削除されている。それでいながら「チーズ・ケーキとコーヒー」を残しているのは、Käsekuchen が、物語の舞台がドイツであることを示唆する他に、for a bite of Käsekuchen and coffee が、喫茶店に入った理由を表しているためだ。喫茶店に入ってから食べようと決めたのではなく、食べるために入った。この因果関係は英語がつい表してしまうことである。

さて、この英訳②を著者自身が日本語に訳した版③では、英訳が忠実に日本語に置き換えられている。

> ③心地よい初夏の午後だった。町はこぢんまりとした、昔風のたたずまいを保っていた。町の中央を流れる速い川が横切っており、その堤は瑞々しい緑に彩られていた。丸石敷きの街路があちこちに延び、いたるところに猫の姿が見えた。母親はカフェで休んで、コーヒーを飲み、チーズ菓子を食べた。　　　　　　　　　　　　　　　［村上 2005:174］

日本語訳③で英語の遠近法的なフォーマットを変更せず英訳②に従ったのは、英訳に逆らってまでも守るべき独自のスタイルが日本語にはないからである。英語に忠実に訳した結果、「水音を響かせ」「緑の葉を風になびかせ」という、日本語に独特の使役態の味わいが消えた。また、「見受けられる」が単に「見える」になり、「ゆるやか」という様態の描写も消えて、全体として書き手の存在感が薄くなっている。しかし、このように英語に近づきながらも、日本語訳の方はカフェの部分の因果関係を捨象した。「チーズ菓子でも食べようとカフェに入った」では「チーズ菓子」が前面に出て目立ちすぎるのだろう。それで後に回した結果、単なる状況の描写になった。言語の違いがこういうところに出る。

宮部みゆきの『火車(かしゃ)』とその英訳からも、書き手の立ち位置の違いが見える。

> 今井事務機は、新宿駅西口から、健康人の足なら徒歩五分ほどのところにあった。甲州街道沿いにある五階建ての共同ビルの二階だった。

第 5 章　小説が伝える「ものの見方」　205

　……
　受付も応接も事務室も全てワンフロアのなかに納まっていて、ひと目で見通しがきく——そういう会社だった。机についていた紺色の事務服姿の女性が一人、すぐに立ち上がって出てきてくれた。
　「私は、こちらにお勤めの関根彰子さんの婚約者の栗坂和也の身内のものです。関根さんの件で少しお話をうかがえたらと思ってまいったんですが」
　事務服の女性は、まだ二十歳ぐらいだろう。丸顔に大きな目、鼻のまわりにそばかすがいっぱい散っている。その目をくるりと見開いて、
　「ああ、はい、はい、わかりました」と言った。子供みたいな声だった。身体も小柄だ。
〔宮部:44–5〕

For someone with a healthy pair of legs, Shoko Sekine's office was five minutes' walk from the West Exit of Shinjuku Station. The address proved to be a forlorn five-story building alongside the Koshu Expressway … .

Imai Office Machines was on the second floor. It was a small operation laid out on an open floor plan; you could take the place in at a glance. A woman in a dark blue uniform stood up and came over. She looked about twenty-four, at the most. Petite, with a roundish face and big eyes, freckles around her nose.

Honda introduced himself. "I'm a relative of Jun Kurisaka, who is engaged to one of your employees, Shoko Sekine. I'd like to ask a few questions about Ms. Sekine."

"Uh, yes, I see … ," said the woman.
〔Birnbaum（訳）:28〕

　これは主人公が、遠い親戚に当たる男性の、行方不明になった婚約者の手掛かりを求めて、婚約者がもと勤めていた職場を訪ねる場面である。日本語の文章では、始めの 2 文で彼はすでに目当ての事務所に到着しており、あとは事務所の内部の描写に終始する。

英訳ではまず事務所が入っている建物の全体にスポットを当て、主人公が住所を頼りにその建物を探しあてたという経緯も述べられる。次に段落を改めて、建物の中の事務所の所在、次いで事務所の内部の描写がなされる。このように「建物全体・事務所・事務所の内部」という、大から小へ、外から内へ、の順を守る手法は、先の「レーダーホーゼン」の「町全体・町の中央の川・川の土手」と同じだ。日本語の書き手の視点が早々に事務所の中にあるのに対して、英語の書き手は距離を保って描写のかじ取りをしている。

　次に日本語では、事務員の女性に目がとまり、気づいたことを描写する。言葉を交わした後はその人を間近で見て声を聞いた感想を述べる。ここには、先の例と同様に、できごとの最後に感受性を発揮して落ち着くというパターンが見られる。

　英訳では、事務所の内部から事務員に焦点が移った後は、事務員の特徴をまとめて述べ、2人の会話を掲載して終わる。英訳は事実中心で、できごとの流れが明瞭である。

　事実中心とは、余計な感想を入れないということである。英訳では、事務員の特徴のうち、服装、年齢、体型、顔というおもな特徴だけが理に適った順序で述べられ、「机についていた」「すぐに立ち上がった」「目をくるりと見開いた」「子供みたいな声」は捨象されている。こまごました描写に邪魔されない分だけ、できごとの輪郭がはっきりする。

　本来なら原文に忠実であるべき翻訳で、英語がこのように独自の見方をうち出すのは、英語の世界がきっちり構造化されているからである。全体と部分、外と内、時間の前後といった、現実の世界を成り立たせる諸々の関係が、英語が作り出す小説の世界をも支配している。それに対して日本語の世界は、自分の関心をひくことがらで成り立っている。小説を翻訳する時に世界が変わるとはこういうことである。

5.1.3　個体中心と「みんなの中の自分」

　英語は、原因性の強い個体を主語にし、結果を示す個体を目的語にして因果関係を表そうとする。一方で日本語は、身内と一体になった話者（または

話者が共感を寄せる主語)の心情を表そうとする。英語と日本語のこの特徴は、マーク・トゥエインの *The Man That Corrupted Hadleyburg*（『ハドリバーグの町を腐敗させた男』）と、谷崎潤一郎の『細雪』の筋書き、発想、に典型的に表れている。順に概略を述べる。

Hadleyburg は、1人の男が悪意をもって町全体を堕落させる話である。このハドリバーグという町は、住民の正直さで名を馳せていた。高潔、清廉はこの町の代々の住民が誇りとするところであった。しかし、ある時ふとしたことで、通りすがりの外国人を怒らせてしまった。この外国人は執念深い人間で、復讐の計画を練り、実行する。

彼の狙いは町中の人々を苦しませることであった。1人や2人を殺すのでは全員を傷つけることはできない。それに死んだ人間は苦しまない。そこで人々の虚栄心に目をつけた。「以前この私に親切にしてくれた人に恩返しがしたい。名前が分からないのだが、その時の親切な言葉を言える人こそ私の恩人である」と言って、この男は(実はメッキの)金貨の詰まった大袋をリチャーズ氏の妻のところにもってきた。

それはすぐに皆の知るところとなった。大金を手にする者は誰か。町中が興奮し動揺が広がる。そんな時、町の名士19人のひとりひとりにスティーブンソンという男から手紙が届く。「あなたこそ正当な受取人です」という主旨のことが書いてあった。決め手となる親切な言葉とは You are far from being a bad man: Go, and reform (君は決して悪い人間じゃないよ。これから改めなさい)だと言う。

名士たちは皆、欲に取りつかれる。言葉を書きつけ封筒に入れてバージェス神父のところに届けた。公会堂で、町の内外の人や新聞記者がひしめき合う中、封筒が開けられ中身が読み上げられた。どれにも同じ言葉が書きつけられていると分かるや、「茶番だ」「悪辣だ」「町全体への侮辱だ」と大騒ぎになったが、名士のうちでリチャーズだけは名誉を保つことができた。以前リチャーズに親切にしてもらったことのある神父が、リチャーズの封筒だけ開封せず隠したからである。リチャーズこそはハドリバーグの高潔さの象

徴、と皆が口々に讃えた。
　それがかえって災いした。リチャーズは秘密の重さに耐えられず、猜疑心の塊になって、夫婦とも不幸な死に方をする。こうしてすべての真相が公になってしまった。最後の栄光まではぎ取られ、町は深く傷ついた。しかし、やがてハドリバーグの町はその名称を変更し、その後はふたたび正直な町に戻ったという。

　ここには、人の意思によって対象が状態変化するという典型的な因果関係の図式がある。意思の発端は恨みと悪意である。まず町の人が虚栄心の虜になり、やがて町が堕落する。後半では神父の善意の行動がリチャーズの悲劇を招く。こうやって人の心の内側を見たり、行為を外から見たりして、因果の連鎖が作られる。
　一方、谷崎潤一郎の『細雪』では身内への共感が全編を支えている。

> 　船場の旧家、蒔岡家の4姉妹のうち、長女の鶴子と次女の幸子は婿を取り、本家、分家と称していた。3女の雪子の結婚が遅れていることに、本家も分家も責任を感じ、心を砕いている。本人は選り好みをしているのか、他人ごとのような構えである。
> 　本家と分家は、この頃は良い縁談が減ったと憂い、4女の妙子が自由な行動で世間の注目を集めるたびに、妙子の悪い評判が雪子の縁談にひびくことを恐れる。妙子が新聞沙汰を起こした時などは、本家の兄が、世間に合わす顔がないと言って辞職願を出したほどであった。

　このように、一家は連帯して「ウチ」を構成し、「ソト」なる世間と一線を画している。「ウチ」の中には、年齢と立場による序列つまり大小と帰属の関係が存在する。妹2人は長兄の庇護のもとにあり、「本家」を畏れると同時に、父のように甘え信頼している。各人が「みんなの中の自分」である。
　『細雪』では、登場人物の感情、風情、生活のありさまが細やかに描写され、日常的な人間模様の中に時間が埋没する。雪子の結婚という目標がある

にはあるのだが、さほど積極的に動かず、縁談が舞いこんで来るのをひたすら待つ。最後には雪子も首尾よく家柄の良い結婚相手をみつけ、姉たちと妹にも身の上の変化が起きているが、それは付随的なことがらにすぎず、小説の主眼はあくまでも、1つの閉じた空間の中の、人々の感情の絡みと日常の情景を描写することに置かれている。

　Hadleyburgと『細雪』における世界の描き方の違いは、英語と日本語の世界観の違いである。これと同じように、Gryphonの次の場面でも、英文が個体間の因果関係を、日本語訳が話者の共感を優先している。

> She disappointed us by giving us an ordinary lesson, complete with vocabulary and drills, comprehension questions, and recitation.
> 〔Baxter 1985:168〕

> ミス・フェレンチは新出単語の説明から始まって、練習問題、読解問題、復習に至るまで、いつもとまったく変わらない授業をした。ぼくたちは大いにがっかりした。
> 〔田口(訳):210〕

英語では、ミス・フェレンチが原因で「ぼくたち」ががっかりした、という個体間の因果関係がShe disappointed usとしてSVOできっぱりと表される。実際には「ミス・フェレンチが普通の授業をした」という事態が原因であったのだが、事態から個体を抽出してSにした。一方、日本語訳の方は因果を分断して、「ミス・フェレンチがどうした」と「ぼくたちがどうなった」を描写した。翻訳にあたって原文を見ると、SとOはどちらも人であり、特にOは有情性を発揮している人である。どちらも日本語話者の共感を誘う。そこでまずミス・フェレンチに共感を寄せて彼女の行為を眺め、次に「ぼくたち」に自らを重ねて「ぼくたち」の状態を描写した。日本語の話者は主観的で変幻自在である。

　話者が共感を寄せる主語は、分かっているはずのものとして省略されることが多い。『火車』から、子供たちがみんなで死んだ愛犬の埋葬をする場面

を引用する。網掛けは、英訳で削除された部分を示す。

　小さなシャベルを使い、庭に浅い穴を掘って首輪を埋める——その儀式を、智とカッちゃんは、これ以上ないほど厳粛な面持ちでとりおこなった。ボケの首輪は真新しい頑丈なもので、埋める前に智が見せてくれたが、内側にちゃんとイニシャルが刻んであった。
　十字架は、保が立てた。久恵がそこに花輪をかけ、一本ずつ線香を立てて、煙に目をしばしばさせながら、手をあわせる。
「これでもう、ボケ大丈夫かな」
そばに寄ってきて、智が訊いた。
「ちゃんと落ち着けるかな」
「落ち着けるよ」
「気持ちがこもってるからな」碇が智の肩をぽんぽんと叩いた。
〔宮部：525-6〕

　The boys had done their digging with a trowel, and had barely gone deep enough to cover the poor dog's collar. The collar was practically brand-new. Before burying it, Makoto showed everyone the inscription he'd made inside. Tamotsu planted the cross on top of the grave and Hisae covered it with a wreath. Each person there lit a stick of incense, then pressed their hands together in prayer.
　"Think Blockhead will like this ceremony?" Makoto asked.
　"I think he'll love it."
　"I bet he's real pleased to have his new collar," Funaki said, patting him on the shoulder.　〔Birnbaum（訳）：269〕

ここには子供が5人登場するが、誰が何をしたのかが日本語では判然としない。まず3行めで、イニシャルを「智が見せてくれた」と言うが、見せても

らったのは誰なのか。「自分」だ。英訳では everyone を補足して、みんなが見せてもらったと言っている。では 4 行めで、線香を立てたのは保と久恵だけだろうか。そんなはずはない、と判断して訳者は each person there（その場にいた各人が）を補った。「落ち着けるよ」と答えたのは誰だろうか。こちらは英訳でも不明なままにされている。

　このように日本語で「誰が」や「誰に」を明言せずに済んでしまうのは、全員で 1 つの身内である上に、書き手もそこに加わって複合的な「みんなの中の自分」ができているからである。特に誰と言う必要はなく、みんながそういう気持であることが大事だ。

　このように書き手がオンステージにいることは、「見せてくれた」から明らかである。見せてもらった人が明示されない場合、「くれた」と言えるのは話者自身しかいないからである。書き手が、みんなと一体化して物語の中にいる。この感じは英訳からは消えている。

　英語には、主観的で複合的な自分という見方は存在しない。自分は個体であり、他の人間も動物も物も個体である。どの個体が、どの個体に、何を言い、何をしたのか明らかにしなければ文にならない。主語と目的語を表さなければならない。

　上の英訳では、例によって感想めいた、共感のこもった描写が大胆にカットされる一方で、時間の流れが導入されている。まず時間については、第 1 文の had done、had gone という過去完了形と第 2 文以降の was、showed など過去形との対比が、穴を掘る作業が完了して今に至っているという時間的な前後関係を合図している。

　因果関係については、英訳の後半部分で「ボケは新しい首輪をもらって嬉しいから、この葬式を気に入る」という主旨のことが言われる。原文の「気持がこもっているから大丈夫」では意味をなさないと訳者が判断したようだ。この訳文を見て、「えっ、そうだったのか。いや、そこまで言わなくても」と思う読者が多いのではないだろうか。

　『キッチン』からの次の例でも、英訳が原文にない因果関係を創出している。

本当に暗く淋しいこの山道の中で、自分も輝くことだけがたったひと
　　つ、やれることだと知ったのは、いくつの時だろうか。愛されて育った
　　のに、いつも淋しかった。　　　　　　　　　　　　　　　　［吉本：30］

　　　When was it I realized that, on this truly dark and solitary path we all walk,
　　the only way we can light is our own? Although I was raised with love, I was
　　always lonely.　　　　　　　　　　　　　　　　　　　［Backus（訳）：21］

「自分も輝く」が英訳では the only way we can light is our own（自分が照ら
せる道は自分の道だけだ）に変わっている。この文は、We can only light our
own way（人は自分の道しか照らせない）すなわち「自分が道を照らすので道
が明るくなる」という発想にもとづいている。
　日本語の「輝く」は、価値を付与された説得力のある言葉だが、英語では
そうはいかない。銀食器や靴ならば、磨かれてピカピカに輝く（shine）。髪
は陽の光を受けて輝き（lighten）、雨に濡れた梢も光る（glisten）だろう。しか
し、人は通常、磨かれる側ではなく磨く側にあるべき存在であり、結果では
なく原因となるものである、という「ものの見方」が英語にはある。バクス
ターの I give off light in his mind!［Baxter 1985:14］（あたし、彼の心の中で光り
輝いているのよ！）［田口（訳）:31］もこの発想にもとづいており、英文の方の
「私」は光を放つものになっている。ただし、たとえば母が娘の成功を祈っ
て I want you to shine（貴女には輝いてほしいのよ）などと言うことはある。
　「みんなの中の自分」は「自分も輝く」という表現からも窺える。「自分も」
の係助詞「も」は、他の人々と同じように自分も輝くことを言う。このよう
に自分を周りの人々の中で相対化して捉えるのは『キッチン』の主人公と限
らず日本語そのものの傾向であり、実際にこの文脈では「も」が唯一、適正
な助詞である。
　淋しい、と言う主人公が求めるのは家族である。身内と同化していたい、
という心情は、次の場面でも見られる。

いつか死ぬ時がきたら、台所で息絶えたい。ひとり寒いところでも、誰かがいてあたたかいところでも、私はおびえずにちゃんと見つめたい。台所なら、いいなと思う。
［吉本 :7］

... when it comes time to die, I want to breathe my last in a kitchen. Whether it's cold and I'm all alone, or somebody's there and it's warm, I'll stare death fearlessly in the eye. If it's a kitchen, I'll think, "How good."
［Backus（訳）:4］

原文は「みんなの中の自分」という理想形が前提になっている。独りだと寒いが、身内がいてくれれば温かい。この日本的な因果関係は、「ウチ・ソト」の発想を補わないと理解できない。英訳の it's cold and I'm all alone（寒くて独りぼっち）からは「独りだから寒い」という論理は消え、cold（寒い）、warm（暖かい）が単に気温の話に変わっている。

最後にスティールの *Heartbeat*（『愛の決断』）から、日本語訳が「ウチ・ソト」を意識していることを観察する。

The sound of an ancient typewriter sang out staccato in the silence of the room, as a cloud of blue smoke hung over the corner where Bill Thigpen was working. Glasses shoved up high on his head, coffee in Styrofoam cups hovering dangerously near the edge of the desk, ashtrays brimming, his face intense, blue eyes squinting at what he was writing.
［Steel:1］

　旧式のタイプライターの音だけがスタッカートを響かせる静かな部屋の中、そのタイプがたたかれている一角では紫煙が立ちのぼって雲を作っていた。コーヒーの入ったスタイロフォームのコップがデスクの端ぎりぎりのところにいまにも落ちそうに置かれ、灰皿には吸い殻があふれかえっている。ビル・シグペンはめがねを額の上に押し上げ、ブルーの目をいまタイプしたものに走らせた。
［霜月（訳）:9］

まず、日本語訳の第1文中の「響かせる」と第3文中の「走らせた」という使役態を見る。訳者は原文に従って能動態で「タイプライターの音がスタッカートを奏でる」「?ブルーの目が今タイプしたものを見た」とはせず、使役態にして全体と部分の関係を強調し、一体感を出している。「奏でる」より「響かせる」と言う方が、スタッカートが響きわたることの責任がタイプライターにあるという印象が強い。「走らせた」と言うことで、目の動きがビル・シグペンの行為になる。4.1.2で見た「レーダーホーゼン」の、「川は涼しげな水音を響かせ」「岸辺の草はその緑の葉を風になびかせ」でも、川と水音、草と葉は、全体と部分の関係でつながっており、全体が部分の動きを支配していた。この、そこはかとなく伝わる一体感は、使役態が「ウチ」の関係を合図することから生じる。

英語の第2文では、glasses、coffee、ashtrays、his face、blue eyes についての付帯状況を表す構文が一気に連結されている。日本語訳はこの部分を二分し、「コップ」と「吸い殻」を訳した後、文を改めて「メガネ」と「目」に言及している。「顔」は削除した。

分ける基準は「ウチ・ソト」である。原文ではこれらの付帯状況はどれもダイナミックな進行を表す -ing 形または being の省略された形だが、訳者が、ビルから離れた所にあるコップと灰皿は「ソト」の要素、ビルが身につけているメガネとビルの目は身の内と見た。その結果、構文を使い分け、継続相と単純相を使い分けることになった。

日本語訳によれば、メガネと目はビルの一部であり、メガネと目の動きはビルの責任である。そのことを「が・を」構文が合図している。このように日本語は、英語の世界には見られない「ウチ・ソト」の構造を創り出し、それに伴って書き手の共感を伝える。

以上、この章では、英文法と日本語文法に組みこまれた「ものの見方」が、英語と日本語の小説の世界を作り出していることを見た。同じはずの情景が、英語と日本語では違って見える。英語と日本語では表したいことが違い、そのために文法が違うからである。

最後にヤコブソン（Jakobson 1959）のことばを引用して本書の締めくくりとする。

> Languages differ essentially in what they must convey and not in what they may convey. 　　　　　　　　　　　　　　　　　　　　（Jakobson:116）
> （言語間の本質的な差異は、何を伝えられるかでなく何を伝えなければならないかにある）

参考文献

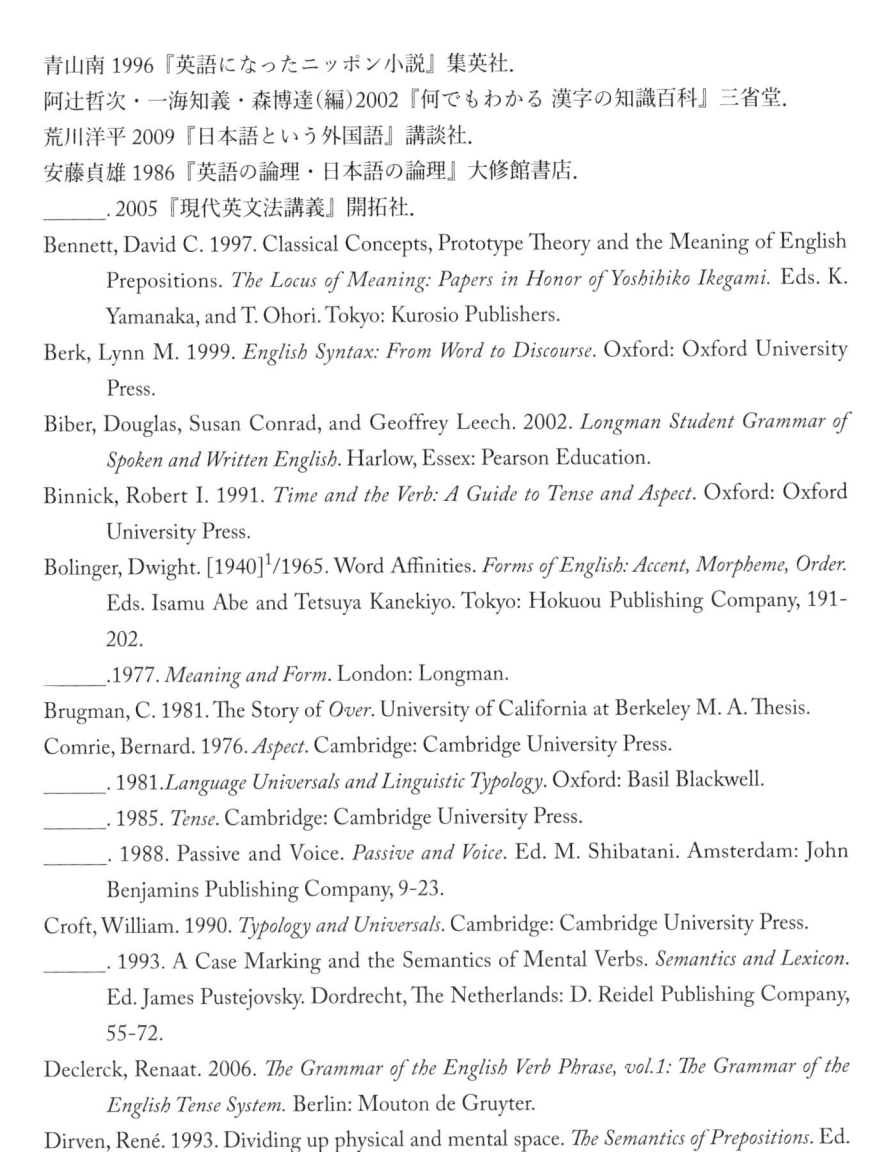

青山南 1996『英語になったニッポン小説』集英社.
阿辻哲次・一海知義・森博達（編）2002『何でもわかる 漢字の知識百科』三省堂.
荒川洋平 2009『日本語という外国語』講談社.
安藤貞雄 1986『英語の論理・日本語の論理』大修館書店.
_____. 2005『現代英文法講義』開拓社.
Bennett, David C. 1997. Classical Concepts, Prototype Theory and the Meaning of English Prepositions. *The Locus of Meaning: Papers in Honor of Yoshihiko Ikegami.* Eds. K. Yamanaka, and T. Ohori. Tokyo: Kurosio Publishers.
Berk, Lynn M. 1999. *English Syntax: From Word to Discourse.* Oxford: Oxford University Press.
Biber, Douglas, Susan Conrad, and Geoffrey Leech. 2002. *Longman Student Grammar of Spoken and Written English.* Harlow, Essex: Pearson Education.
Binnick, Robert I. 1991. *Time and the Verb: A Guide to Tense and Aspect.* Oxford: Oxford University Press.
Bolinger, Dwight. [1940]^1/1965. Word Affinities. *Forms of English: Accent, Morpheme, Order.* Eds. Isamu Abe and Tetsuya Kanekiyo. Tokyo: Hokuou Publishing Company, 191-202.
_____.1977. *Meaning and Form.* London: Longman.
Brugman, C. 1981. The Story of *Over*. University of California at Berkeley M. A. Thesis.
Comrie, Bernard. 1976. *Aspect.* Cambridge: Cambridge University Press.
_____. 1981.*Language Universals and Linguistic Typology.* Oxford: Basil Blackwell.
_____. 1985. *Tense.* Cambridge: Cambridge University Press.
_____. 1988. Passive and Voice. *Passive and Voice.* Ed. M. Shibatani. Amsterdam: John Benjamins Publishing Company, 9-23.
Croft, William. 1990. *Typology and Universals.* Cambridge: Cambridge University Press.
_____. 1993. A Case Marking and the Semantics of Mental Verbs. *Semantics and Lexicon.* Ed. James Pustejovsky. Dordrecht, The Netherlands: D. Reidel Publishing Company, 55-72.
Declerck, Renaat. 2006. *The Grammar of the English Verb Phrase, vol.1: The Grammar of the English Tense System.* Berlin: Mouton de Gruyter.
Dirven, René. 1993. Dividing up physical and mental space. *The Semantics of Prepositions.* Ed.

Cornelia Zelinsky-Wibbelt. Berlin: Mouton de Gruyter, 73-97.
Dixon, R. M. W. [1991]/2005. *A Semantic Approach to English Grammar.* Oxford: Oxford University Press.
_____. 1997/2002. *The rise and fall of languages.* Cambridge: Cambridge University Press.
Dowty, David. 1991. Thematic Proto-Roles and Argument Selection. *Language,* Vol. 67, No. 3, 547-619.
Fillmore, Charles J. 1968. Case for Case. *Universals in Linguistic Theory.* Eds. E. Bach and R. Harms. New York: Holt, Rinehart and Winston, 1-88.
_____. 1972. Subjects, Speakers, and Roles. *Semantics of Natural Language.* Eds. D. Davidson and G. Harman. Dordrecht, The Netherlands: D. Reidel Publishing Company, 1-24.
Fodor, J. A. 1970. Three Reasons for Not Deriving "Kill" from "Cause to Die." *Linguistic Inquiry,* Vol.1, No. 4, 429-38.
Foley, William A., and Robert D. Van Valin Jr. 1984. *Functional Syntax and Universal Grammar.* Cambridge: Cambridge University Press.
Goldberg, Adele. 1995. *Constructions: A Construction Grammar Approach to Argument Structure.* Chicago: The University of Chicago Press.
Greenbaum, Sidney, and Gerald Nelson. 2002. *An Introduction to English Grammar.* Harlow, Essex: Pearson Education.
Griffiths, Patrick. 2006. *An Introduction to English Semantics and Pragmatics.* Edinburgh: Edinburgh University Press.
五光照雄 1979『言葉からみた日本人』自由現代社.
後藤彩 2007「日英語のオノマトペ」東京外国語大学 2006 年度卒業論文.
芳賀綏 2004『日本人らしさの構造』大修館書店.
Hall, Barbara. 1965. Subject and object in modern English. MIT dissertation.
橋本進吉 1969『助詞・助動詞の研究』岩波書店.
原田明里 2008「新聞におけるカタカナが持つ役割と意味について」東京外国語大学 2007 年度卒業論文.
Haiman, John. 1983. Iconic and Economic Motivation. *Language,* Vol.59, No. 4:781-819.
Hewings, Martin. 2005. *Advanced Grammar in Use.* Cambridge: Cambridge University Press.
Hinds, John. 1986/2002. *Situation vs. Person Focus.* くろしお出版.
久松潜一・佐佐木治綱・大久保正・太田善麿・松村明(訳)1967『本居宣長集』筑摩書房.
細江逸記 1932『動詞時制の研究』泰文堂.
Huddleston, Rodney. 1995. The English perfect as a secondary past tense. *The verb in contemporary English: Theory and description.* Eds. Bas Aarts and Charles F. Meyer. Cambridge: Cambridge University Press.

Huddleston, Rodney, and Geoffrey K. Pullum. 2002. *The Cambridge Grammar of the English Language.* Cambridge: Cambridge University Press.

Humboldt, Wilhelm von. [1836]/1999. *On Language: On the Diversity of Human Language Construction and its Influence on the Mental Development of the Human Species.* Ed. Michael Losonsky. Tr. Peter Heath. Cambridge: Cambridge University Press.

Hyman, Larry M. 1975. *Phonology: Theory and Analysis.* New York: Holt, Rinehart and Winston.

池上嘉彦 1981『「する」と「なる」の言語学』大修館書店.

井上優 2001「現代日本語の「タ」―主文末の「…タ」の意味について」『「た」の言語学』つくば言語文化フォーラム（編）ひつじ書房, 97-163.

Jakobson, Roman, G. A. Richard, and E. Werth. 1949. Language and Synaesthesia. *Word*, V:224-33.

Jakobson, Roman. [1959]/1971. On linguistic aspects of translation. *Roman Jakobson Selected Writings,* Vol. 2. The Hague: Mouton, 260-66.

＿＿＿. 1970. *Main Trends in the Science of Language.* New York: Harper & Row, Publishers.

Jakobson, Roman, and Linda R. Waugh. 1979. *The Sound Shape of Language.* Bloomington: Indiana University Press.

Jeffries, Lesley. 1998. *Meaning in English: An Introduction to Language Study.* New York: St. Martin's Press.

Jespersen, Otto. [1921]/1964. *Language: Its Nature, Development and Origin.* New York: W. W. Norton & Company.

＿＿＿. [1924]/1965. *The Philosophy of Grammar.* New York: W. W. Norton & Company.

＿＿＿. [1927]/1983 *A Modern English Grammar: On Historical Principles, Part III Syntax (Second Volume).* 名著普及会.

＿＿＿. [1931]/1983. *A Modern English Grammar: On Historical Principles, Part IV Syntax (Third Volume).* 名著普及会.

＿＿＿. 1933/1977. *Essentials of English Grammar.* London: George Allen & Unwin.

＿＿＿. [1938]/1978. *Growth and Structure of the English Language.* Oxford: Basil Blackwell.

＿＿＿. [1940]/1983. *A Modern English Grammar: On Historical Principles, Part V Syntax (Fourth Volume).* 名著普及会.

＿＿＿. [1942]/1983. *A Modern English Grammar: On Historical Principles, Part VI.* 名著普及会.

樺島忠夫 1977/1987「漢字からローマ字まで―日本語表記体系の形成」『日本語の歴史』阪倉篤義（編）大修館書店, 115-54.

河上誓作・早瀬尚子・谷口一美・堀田優子（訳）2001『構文文法論―英語構文への認知的アプローチ』研究社出版.［Goldberg 1995 の訳書］

Kimber, Galina. 2006. *Perfect Prepositions*. Lincoln, New England: iUniverse.

Klaiman, M. H. 1991. *Grammatical Voice*. Cambridge: Cambridge University Press.

国立国語研究所 1951/1960『現代語の助詞・助動詞』秀英出版.

_____. 1985『現代日本語動詞のアスペクトとテンス』秀英出版.

工藤真由美 1982「シテイル形式の意味記述」『武蔵大学人文学会雑誌』第13巻，第4号，51-88.

_____. 1995『アスペクト・テンス体系とテクスト―現代日本語の時間の表現』ひつじ書房.

Kuno, Susumu. 1973. *The Structure of the Japanese Language*. Cambridge, MASS.: The MIT Press.（久野暲 1973『日本文法研究』大修館書店）

Kuno, Susumu, and Etsuko Kaburaki. 1977. Empathy and Syntax. *Linguistic Inquiry*, Vol. 8, No. 4:627-72.

Lakoff, George, and John Robert Ross. 1966. Criterion for Verb Phrase Constituency. Technical Report NSF-17, Aiken Computation Laboratory, Harvard University, 1-11.

Lakoff, George, and Mark Johnson. 1980. *Metaphors We Live By*. Chicago: The University of Chicago Press.

Lakoff, George. 1987. *Women, Fire, and Dangerous Things: What Categories Reveal about the Mind*. Chicago: The University of Chicago Press.

Langacker, Ronald W. 1991. *Concept, Image, and Symbol: The Cognitive Basis of Grammar*. New York: Mouton de Gruyter.

_____. 1999. *Grammar and Conceptualization*. Berlin: Mouton de Gruyter.

Leech, Geoffrey N. 1971/1998. *Meaning and the English Verb*. London: Longman.

Leek, Frederike Van der. 1996. Rigid Syntax and Flexible Meaning. *Conceptual Structure, Discourse, and Language*. Ed. Adele Goldberg. Stanford: SCLI, 321-32.

Levin, Beth, and Malka Rappaport Hovav. 1995. *Unaccusativity*. Cambridge, Mass.: The MIT Press.

Lindstromberg, Seth. 1997. *English Prepositions Explained*. Amsterdam: John Benjamins Publishing Company.

_____. 2010. *English Prepositions Explained: Revised edition*. Amsterdam: John Benjamins Publishing Company.

Lyons, John. 1977/1978. *Semantics*, Vol. 2. Cambridge: Cambridge University Press.

益岡隆志 2000『日本語文法の諸相』くろしお出版.

松村明（編）1971『日本文法大辞典』明治書院.

McCawley, James. [1968]/1973. Lexical Insertion in a Transformational Grammar without Deep Structure. *Grammar and Meaning*. Ed. James McCawley. New York: Academic

Press, 155-66.

三上章 1972/1981『続・現代語法序説―主語廃止論』くろしお出版.

三浦つとむ 1975/2000『日本語の文法』勁草書房.

_____. 1976/1999.『日本語はどういう言語か』講談社学術文庫.

本居春庭 [1828]/1977『詞通路』(上・下) 勉誠社.

森田良行 2002『日本語文法の発想』ひつじ書房.

中村智子 2004「映画字幕における日英対照―望ましい字幕を求めて」東京外国語大学 2003 年度卒業研究.

Nettle, Daniel, and Suzanne Romaine. 2000. *Vanishing Voices*. Oxford: Oxford University Press.

大槻文彦 [1891]/1979『言海』大修館書店.

大野晋 1978/1984『日本語の文法を考える』岩波書店.

Palmer, F. R. [1965]/1997. *The English Verb*. London: Longman.

Perlmutter, David M. 1978. Impersonal Passives and the Unaccusativity Hypothesis. *Proceedings of the Fourth Annual Meeting of the Berkeley Linguistics Society*, 157-89.

Perlmutter, David M., and P. M. Postal. 1984. The 1-Advancement Exclusiveness Law. *Studies in Relational Grammar 2*. Eds. David. M. Perlmutter and C. Rosen. Chicago: The University of Chicago Press.

Pinker, Steven. 1989/1993. *Learnability and Cognition: The Acquisition of Argument Sturucture*. Cambridge, MASS.: The MIT Press.

Quirk, Randolph, Sidney Greenbaum, Geoffrey Leech, and Jan Svartvik. 1985. *A Comprehensive Grammar of the English Language*. London: Longman.

Radden, Günter and René Dirven. 2007. *Cognitive English Grammar*. Amsterdam: John Benjamins Publishing Company.

Reichard, Gladys A., Roman Jakobson, and Elizabeth Werth. 1949. Language and Synesthesia. *Word*, Vol. 5, No. 2, 224-33.

Reihenbach, Hans. [1947]/2005. The Tenses of Verbs (section 51 of *Elements of Symbolic Logic*). *The Language of Time*. Eds. Inderjeet Mani, James Pustejovsky, Robert Gaizauskas. Oxford: Oxford University Press, 71-78.

Rosen, C. 1984. The Interface between Semantic Roles and Initial Grammatical Relations. *Studies in Relational Grammar 2*. Eds. David M. Perlmutter and C. Rosen. Chicago: The University of Chicago Press.

Saeed, John I. 1997/2009. *Semantics*. Chichester, West Sussex: Wiley-Blackwell.

Sapir, Edward. [1921]/2007. *Language: An Introduction to the Study of Speech*. Charleston, SC: Biblio Bazar.

澤田治美 1993/2003『視点と主観性』ひつじ書房.

柴谷方良 1978『日本語の分析』大修館書店.

Snyman, J. W. 1970. *An introduction to the !Xũ language*. Cape Town: Balkema.

宗宮喜代子 2006「英語前置詞 of の意味」『言語情報学研究報告』No.11. 東京外国語大学 (TUFS) 大学院地域文化研究科 21 世紀 COE プログラム「言語運用を基盤とする言語情報学拠点」, 227-45.

＿＿＿. 2007「英語前置詞 for の意味」『東京外国語大学論集』第 74 号, 19-38.（論説資料保存会『英語学論説資料』第 41 号（転載））

＿＿＿. 2009「英文法の「心」を知ろう」『英語教育』第 58 巻, 第 1 号〜第 6 号, 大修館書店.

宗宮喜代子・下地理則 2004「英語と日本語の「主語・目的語」構文について」『東京外国語大学論集第 69 号, 1-25.（論説資料保存会『英語学論説資料』第 39 号（転載））

宗宮喜代子・石井康毅・鈴木梓・大谷直輝 2007『道を歩けば前置詞がわかる』くろしお出版.

鈴木孝夫 1990『日本語と外国語』岩波書店.

Swan, Michael. 2005. *Practical English Usage.* Oxford: Oxford University Press.

Taylor, John R. 1989/1995. *Linguistic Categorization*. Oxford: Clarendon Press.

寺島尚彦 2007『ざわわ　さとうきび畑』琉球新報社.

寺村秀夫 1982/2005『日本語のシンタクスと意味』第 I 巻 くろしお出版.

＿＿＿. 1984/1990『日本語のシンタクスと意味』第 II 巻 くろしお出版.

時枝誠記 [1941a]/2007『国語学原論』（上）岩波書店.

＿＿＿. [1941b]/2007『国語学原論』（下）岩波書店.

外山滋比古 1972『日本語の論理』中央公論社.

角田太作 1990『世界の言語と日本語』くろしお出版.

Tyler, Andrea, and Vyvyan Evans. 2003. *The Semantics of English Prepositions: Spatial scenes, embodied meaning and cognition*. Cambridge: Cambridge University Press.

Ullmann, Stephen. 1951/1959. *The Principles of Semantics: A linguistic approach to meaning.* Oxford: Basil Blackwell.

Vendler, Zeno. 1967. *Linguistics in Philosophy*. Ithaca, New York: Cornell University Press.

Wege, Barbara. 1991. On the lexical meaning of prepositions: a study of *above*, *below*, and *over*. *Approaches to Prepositions.* Ed. Gisa Rauh. Tübingen: Gunter Narr Verlag.

Whorf, Benjamin L. 1956. *Language, Thought, and Reality: Selected Writings of Benjamin Lee Whorf.* Ed. John B. Carroll. Cambridge, Mass.: The MIT Press.

Wierzbicka, Anna. 1988. *The Semantics of Grammar.* Amsterdam: John Benjamins Publishing Company.

文学作品

Baxter, Charles. 1985. *Through the Safety Net.* New York: Vintage Books.
　　（亀井よし子・田口俊樹（訳）1992『安全ネットを突き抜けて』早川書房）
＿＿＿. 1990. *A Relative Stranger.* New York: W. W. Norton & Company.
　　（田口俊樹（訳）1994『見知らぬ弟』早川書房）
Beattie, Ann. [1974]/1997. Snakes' Shoes. *American Minimalism: Four Short Stories.* 朝日出版社, 1-14.
＿＿＿. 1979/1982. *The Burning House.* New York: Vintage Books.
Carver, Raymond. 1981/1989. *Cathedral.* New York: Vintage Books.
　　（村上春樹（訳）1997/2008『レイモンド・カーヴァー傑作選 Carver's Dozen』中央公論新社）
Cheever, John. [1947]/2000. *The Stories of John Cheever.* New York: Vintage Books.
　　（川本三郎（訳）1992『橋の上の天使』河出書房新社）
Christie, Agatha. [1939]/2001. *And Then There Were None.* New York: St. Martin's Paperbacks.
　　（清水俊二（訳）2003/2008『そして誰もいなくなった』早川書房）
＿＿＿. [1944]/1994. *The Mousetrap and Selected Plays.* London: Harper Collins Publishers.
＿＿＿. 1985. *Miss Marple: The Complete Short Stories.* New York: Berkley Books.
Fitzgerald, F. Scott. [1925]/2004. *The Great Gatsby.* New York: Scribner.
　　（村上春樹（訳）2006『グレート・ギャツビー』中央公論新社）
Gipe, George. 1985/1992. *Back to the Future.* London: Corgi Books.
Hemingway, Ernest. [1936]/2003. The Snows of Kilimanjaro. *The Complete Short Stories of Ernest Hemingway.* New York: Scribner.
　　（谷口陸男（編訳）1972/1987『ヘミングウェイ短編集』（下）岩波書店）
堀江敏幸 [2000]/2004『熊の敷石』講談社．
＿＿＿. 2009『彼女のいる背表紙』マガジンハウス．
川端康成 1957『山の音』新潮社．
　　（Tr. Edward G. Seidensticker. 1971/1990. *The Sound of the Mountain.* Tokyo: Charles E. Tuttle Company）
桐野夏生 2002/2007『アウト』講談社．
　　（Tr. Stephen Snyder. 2003. *Out: Natsuo Kirino.* New York: Vintage Books）
Malamud, Bernard. [1950]/1999. *The Magic Barrel.* New York: Farrar, Straus and Giroux.
　　（邦高忠二（訳）1968『魔法の樽』荒地出版社）
Marshall, Alan. 1989. *I Can Jump Puddles.* London: Puffin Books.
Mason, Bobbie Ann. [1989]/1997. Coyotes. *American Minimalism: Four Short Stories.* 朝日出版社, 26-52.

宮沢賢治 1950/2007 谷川徹三（編）『宮沢賢治詩集』岩波書店．
＿＿＿．1969/1999 草野心平（編）『宮沢賢治詩集』新潮社．
＿＿＿．[1933]/2000『ベスト・オブ宮沢賢治短編集』John Bester（対訳）講談社．
宮部みゆき 1998/2007『火車』新潮社．
 （Tr. Alfred Birnbaum. 1996. *All She Was Worth*. Tokyo:Kodansha International）
村上春樹 [1985a]/2008「レーダーホーゼン」『回転木馬のデッド・ヒート』講談社．
 （Tr. Alfred Birnbaum. 1993. Lederhosen *The Elephant Vanishes*. New York: Vintage Books）
 （村上春樹（訳）2005「レーダーホーゼン」『象の消滅』新潮社）
＿＿＿．1985b/2004『羊をめぐる冒険』講談社．
 （Tr. Alfred Birnbaum. 2003. *A Wild Sheep Chase*. Tokyo: Kodansha International）
＿＿＿．[2002]/2005『海辺のカフカ』（上）新潮社．
 （Tr. Philip Gabriel. 2005. *Kafka on the Shore*. London: Vintage）
志賀直哉 [1910]/2008「剃刀」『清兵衛と瓢箪・網走まで』新潮社．
 （Tr. Dunlop, Lane. 1987/2000. The Razor. *The Paper Door and Other Stories*. Tokyo: Tuttle Publishing）
＿＿＿．[1917]/2008「赤西蠣太」『小僧の神様・城の崎にて』新潮社．
＿＿＿．[1923]/2008「雨蛙」『小僧の神様・城の崎にて』新潮社．
Steel, Danielle. 1991/2007. *Heartbeat*. New York: Bantam Dell Books.
 （霜月 桂（訳）1994/2000『ダニエル・スティール　愛の決断』扶桑社）
Steinbeck, John. [1939]/2006. *The Grapes of Wrath*. New York: Penguin Classics.
 （大久保康雄（訳）1967『怒りの葡萄』（上）新潮社）
Stevenson, Robert Louis. 1882. *New Arabian Nights*. www.aegypan.com: Ægypan Press.
 （南條竹則・坂本あおい（訳）2007『新アラビア夜話』光文社）
谷崎潤一郎 1955/2008『細雪』新潮社．
 （Tr. Edward G. Seidensticker. [1957]/1995. *The Makioka Sisters*. New York: Vintage Books）
Tey, Josephine. [1951]/1995. *The Daughter of Time*. New York: Scribner Paperback Fiction.
Twain, Mark. [1884]/2003. *The Works of Mark Twain, vol. 8: Adventures of Huckleberry Finn*. Eds. Victor Fischer and Lin Salamo, with the late Walter Blair. Berkeley, CA: University of California Press.
 （山本長一（訳）1996『ハックルベリー・フィンの冒険―マーク・トウェインコレクション』彩流社）
＿＿＿．[1899]/1957.The Man That Corrupted Hadleyburg. *The Complete Short Stories of Mark Twain*. New York: Bantam Dell.
 （古沢安二郎（訳）1961/2004「ハドリバーグの町を腐敗させた男」『マーク・ト

ウェイン短編集』新潮社）

吉本ばなな 1991/2003『キッチン』角川書店.
 （Tr. Megan Backus. 1993/2001. *Kitchen*. London: Faber and Farber）

Grey, Zane. [1912]/2007. *Riders of the Purple Sage*. London: Hodder and Stoughton.
 （仙名　紀（訳）1984『ユタの流れ者』中央公論社）

コーパス

BNC World Edition.

『KOTONOHA 現代日本語書き言葉均衡コーパス』2011. 人間文化研究機構国立国語研究所・文部科学省科学研究費特定領域研究「日本語コーパス」プロジェクト.

『新潮文庫の 100 冊 CD-ROM 版』1995. 新潮社.

注

1　出版年については初出版と参照版を斜線で区切って記載した。初出版の出版社または出版形態に変更があった場合は［　］で示した。

索引

A
above 151
at 134, 145, 146, 147

B
below 151
by 152, 153, 154

D
down 147, 149

F
for 161, 162, 163, 164, 165
from 140, 141

I
in 138, 150

O
of 155, 156, 157, 158, 159, 160, 161
on 132, 133, 134, 135, 136, 137, 138, 139, 140

out 151
over 142, 143, 144, 145

T
to 137, 141, 142, 157, 163, 164

U
up 147, 148, 149

W
with 153, 154

あ
相性 2, 16, 18, 24, 25

い
意味役割 62, 63, 64, 74
イメージ 130
イメージ・スキーマ 130
因果関係 v, 27, 58, 61, 71, 73, 74, 75, 77, 78, 82, 89, 90, 92, 194, 200, 204, 206, 208, 209, 211

う
ウチ 208
ウチ・ソト 55, 96, 123, 127, 171, 183, 213, 214
ウチ・ソト関係 v, 53

お
音象徴 185, 186, 187, 188

か
が格目的語 113, 115, 116, 117, 119
格助詞 94, 95, 96, 99, 101, 108, 109, 110, 127, 169
確定性 5
獲得動詞 88
活動動詞 23, 24, 27, 36, 37, 86

き
共感 53, 55, 94, 96, 97, 98, 106, 109, 111, 112, 113, 114, 116, 117, 169, 171, 172, 173, 181, 182, 194, 207, 209, 211
共感覚 185, 186, 187, 189
記録用法 46, 47, 48, 53

け
形式的相 14, 18, 24, 28, 35
軽動詞 83
現在との関連性 10

こ
語彙的相 14, 23, 26, 27, 28, 38
語彙分解 71
項選択の原則 63, 65, 74

さ

先立つ時間　12, 30, 32
先立つ事態　16, 32

し

使役　204
指示の階層　68
時制の一致　29, 30, 33, 42
自他交替　86
主観　6, 33, 44, 45, 50, 53, 54, 90, 96, 109, 115, 169
主語省略　94, 97, 114, 115, 116, 119
瞬間構文　54, 55
状況タイプ　23, 36
状態動詞　23, 26, 37
情報構造　7, 69, 70
身体的精神　129

す

数量詞遊離　111, 112
する型自動詞　78, 79, 80, 81, 82, 84, 92

せ

責任の使役　120, 125, 126, 127, 214
全体と部分の関係　103, 104, 107, 118, 127, 214

そ

創造動詞　88
相対時制　39, 41, 42, 54

存在と出現の自動詞　84

た

他者　171, 178, 181, 183, 196
達成動詞　23, 24, 27, 36, 64

ち

直示　2, 3, 11, 13, 33, 34
直線思考　129

と

動作主　62, 63, 64, 65, 66, 78, 81, 82
同族目的語　83
到達動詞　23, 25, 27, 36, 37

な

なる型自動詞　79, 80, 85, 86

に

認知言語学　57, 130, 202

ひ

被害の受身　120, 122, 123, 125
被動者　62, 63, 64, 65, 66, 67, 68, 76, 78, 84

ふ

文型　58, 95

ほ

補語　58, 136

み

身内　123, 124, 125, 171, 178, 181, 194, 196, 206, 211, 212, 213

ゆ

有標　54, 66, 67, 176, 179

よ

様態述語　91

り

隣接する他者　123, 124

【著者紹介】

宗宮喜代子（そうみやきよこ）

〈略歴〉岐阜県出身。オハイオ州立大学大学院言語学科修了（Master of Arts）。東京外国語大学大学院ゲルマン系言語専攻科修了（文学修士）。東京外国語大学教授を経て、現在、岐阜聖徳学園大学外国語学部教授、東京外国語大学名誉教授。
〈主要著書・論文〉『ルイス・キャロルの意味論』（大修館書店、2001 年、［英訳 Lewis Carroll's Semantics、リーベル出版、2003 年］）、『アリスの論理―不思議の国の英語を読む―』（日本放送出版協会、2006 年）、『道を歩けば前置詞がわかる』（くろしお出版、2007 年、共著）、「英文法の「心」を知ろう」（『英語教育』58(1)–58(6)、大修館書店、2009 年）、「英語のアスペクトについて」（『語学研究所論集』第 15 号、東京外国語大学、2010 年）、など。

ひつじ研究叢書〈言語編〉第 98 巻

文化の観点から見た文法の日英対照
時制・相・構文・格助詞を中心に

発行	2012 年 11 月 20 日　初版 1 刷
定価	4800 円＋税
著者	ⓒ 宗宮喜代子
発行者	松本 功
本文フォーマット	向井裕一（glyph）
組版者	内山彰議（4&4, 2）
印刷製本所	株式会社 シナノ
発行所	株式会社 ひつじ書房

〒112-0011 東京都文京区千石 2-1-2 大和ビル 2 階
Tel.03-5319-4916　Fax.03-5319-4917
郵便振替 00120-8-142852
toiawase@hituzi.co.jp　http://www.hituzi.co.jp

ISBN978-4-89476-584-9

造本には充分注意しておりますが、落丁・乱丁などがございましたら、小社かお買上げ書店にておとりかえいたします。ご意見、ご感想など、小社までお寄せ下されば幸いです。

【刊行書籍のご案内】

ひつじ意味論講座

澤田治美編　各巻定価3,200円+税　全7巻（3・6・7巻は未刊）

○様々な分野で活躍する第一線の研究者による、あらたな「意味」研究の書。

第1巻　語・文と文法カテゴリーの意味

1．語の意味をめぐって（国広哲弥）2．多義性とカテゴリー構造（松本曜）3．文の意味と真偽性（阿部泰明）4．否定の諸相（今仁生美）5．日本語のテンスとアスペクトの意味の体系性（須田義治）6．ヴォイスの意味（鷲尾龍一）7．意味役割（菅井三実）8．動詞の意味と統語構造（影山太郎）9．形容詞の意味（久島茂）10．名詞句の意味（西山佑司）11．代名詞の意味（神崎高明）12．不定冠詞の役割（樋口昌幸）

第2巻　構文と意味

1．認知のダイナミズムと構文現象（山梨正明）2．構文的意味とは何か（大堀壽夫・遠藤智子）3．二重目的語構文と与格交替（加賀信広）4．使役構文をめぐって（高見健一）5．結果構文の意味論（小野尚之）6．条件構文をめぐって（藤井聖子）7．比較構文の語用論（澤田治）8．場所句倒置構文をめぐって（奥野忠徳）9．壁塗り交替（岸本秀樹）10．中間構文の意味論的本質（吉村公宏）11．数量詞遊離構文とアスペクト制約（三原健一）12．コーパス分析に基づく構文研究（李在鎬）

第4巻　モダリティⅡ：事例研究

1．英語法助動詞のモダリティ（柏本吉章）2．英語モダリティと動機づけ（長友俊一郎）3．未来性とモダリティ（吉良文孝）4．日英語の認識的・証拠的モダリティと因果性（澤田治美）5．認識的モダリティとの意味的関連性からみた日英語の束縛的モダリティ（黒滝真理子）6．認識的モダリティの意味と談話的機能（宮崎和人）7．意志表現とモダリティ（土岐留美江）8．「のだ」の意味とモダリティ（野田春美）9．終助詞とモダリティ（半藤英明）10．副詞とモダリティ（杉村泰）11．モダリティの対照研究（井上優）12．日本語教育から「日本語のモダリティ」を考える（守屋三千代）

第5巻　主観性と主体性

1．Subject―主語・主観―をめぐる哲学的断片（大庭健）2．モダリティにおける主観性と仮想性（澤田治美）3．日本語と主観性・主体性（池上嘉彦）4．主観性に関する言語の対照と類型（上原聡）5．文法化と主観化（秋元実治）6．日本語における文法化と主観化（青木博史）7．共同注意と間主観性（本多啓）8．英語形容詞の主観性（八木克正）9．日本語のダイクシス表現と視点、主観性（澤田淳）10．日本語思考動詞の主観性（小野正樹）11．日英語の主観性を表す副詞について（森本順子）12．敬語と言語主体（滝浦真人）

あいまいなのは日本語か、英語か？　　日英語発想の違い
　　今井邦彦著　　　定価 1,680 円＋税

　「英語圏の人の言うことは論理的で明白だが、日本人の発話は曖昧で不明瞭なことが多い」という一種の迷信を抱いている人の数は少なくない。本書はまさしくその逆を主張する。英語国民は、意図的に、実際に口に出す意味よりもたくさんの意味を相手に伝えようとする。つまり、自分の心を相手に読ませる部分を（日本人に比べて）多くする傾向がある。これが「英語らしい英語」の大きな特徴なのだ。著者は、数多くの実例に基づいて、この新説を説得的に披露展開する。

日本語のアクセント、英語のアクセント　　どこがどう違うのか
　　杉藤美代子著　　　定価 1,500 円＋税

　日本語は高さアクセント、英語は強さアクセントと言われてきたが、本当にそうなのか、両者はいったいどこがどうちがうのか、筆者は、これらを調べるために研究を始めた。そして数十年、次々と生じる疑問点について、発想の及ぶ限りの実験等を続けてきた。その過程で、日本語（特に関西アクセント）と英語のアクセントには思いがけない類似点があることを見出した。また、英語話者と日本語話者では文中のアクセントの使い方がまったく違うこと等も見えてきた。アクセントに関する入門書であり、多くの疑問点への回答書。

ベーシックコーパス言語学

石川慎一郎著　　定価 1,700 円＋税

　コーパス言語学（corpuslinguistics）は、英語においては 1990 年代以降、日本語においては 2000 年代以降、それぞれ急速な進展を見せ、現在、言語や言語教育に関わる幅広い研究分野に大きな影響を及ぼしている。本書は、英語コーパスと日本語コーパスの両者に目配りしつつ、初学者を対象に、コーパス構築の理念やコーパスを生かした言語研究の方法論について平易に解き明かすことを目指す。

言語研究のための正規表現によるコーパス検索

大名力著　　定価 2,800 円＋税

　一見、文系の研究者には無関係と思われる正規表現も、うまく利用すれば「worth の後に最大 3 語挟んで -ing で終わる語（ただし、thing, something, anything, everything, nothing は除く）が続く」のような条件を指定しコーパスからデータを抽出することもでき、言語研究・言語教育にも大いに役立つ。本書では、このような言語研究に役立つ正規表現の使い方を基礎から上級まで段階的に解説しており、また、英語の例を基に基礎を学んだ後は日本語や韓国語の検索方法に進むこともでき、自分の目的に合わせ正規表現を学ぶことができる。